W0415255

AU BORD DU MONDE

ASTRID WENDLANDT

AU BORD DU MONDE

Une vagabonde dans le Grand Nord sibérien

ROBERT LAFFONT

Cartes © Sylvain Tesson

© Éditions Robert Laffont, S.A., Paris, 2010
ISBN 978-2-221-11436-0

À mes trois mères,
Danièle des bords de la Moselle,
auteur de mes jours,
Hélène, l'artiste du fleuve Saint-Laurent,
Natalia, ma protectrice de la Volga

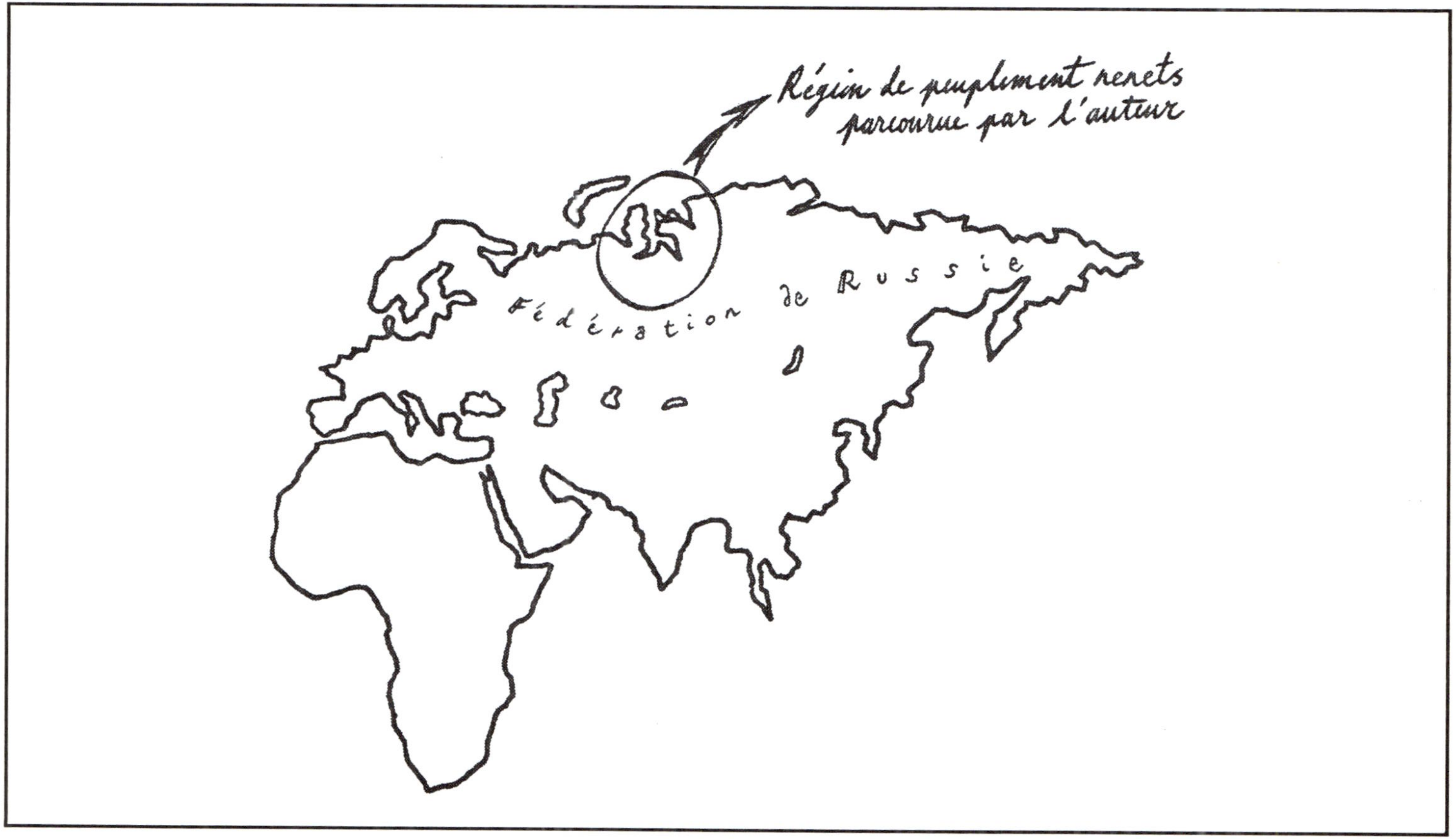
Région de peuplement nenets parcourue par l'auteur
Fédération de Russie

Traces dans la neige

Trois secondes peuvent changer une vie.

Mars 2001. Vorkouta, cité construite sur les os des prisonniers du Goulag, au pied de l'Oural polaire. Moins 25 °C. Du béton sous la neige. Le blizzard griffe la glace. La terre et le ciel ont fusionné et la grisaille est la couleur de leurs noces. Youri Mazanov, le député-maire, m'emmène à la rencontre des mineurs, ces héros oubliés du communisme qui survivent depuis des mois avec trois sandwichs quotidiens en guise de salaire. Des hommes forts à grosses mains qui ne fléchissent devant rien sauf le déshonneur. Des êtres authentiques comme seule la Russie en façonne. Je suis venue faire leur portrait pour un journal anglais. Nous avons rendez-vous sous cette terre gelée.

Dans la berline surchauffée de Youri, la tête posée sur les rideaux en dentelle de la fenêtre, je dérape dans un rêve éveillé. Nous sommes comme des capitaines de vaisseau traversant l'infini blanc. Aucune silhouette à l'horizon.

Des tourbillons de flocons vrillent dans le ciel. La

voiture pile de tous ses freins. Une ombre encapuchonnée nous coupe la route et passe sur un traîneau tiré par cinq rennes. L'apparition a crevé le rideau de brume pour disparaître dans le vide englacé. Une image venue du fond des âges vient de se projeter sur l'écran de ma vie. Je cherche à la retenir des yeux mais le regard n'arrête pas les visions d'outre-monde. La toundra a happé le fantôme. Je ne sais pas ce que j'ai vu.

« Qui était-ce ?

— Un Nenets, un éleveur de rennes ! Son peuple vit ici depuis des siècles », me répond Youri.

Je suis bouleversée. Je cherche l'ombre derrière les traînées de neige. Deux traces de patin s'enfoncent dans le néant. Elles s'évanouissent à quelques mètres de la route comme si elles m'indiquaient une direction à suivre. Le Grand Nord vient de m'ouvrir sa porte.

Dans le septentrion, des forces telluriques sont à l'œuvre. Elles taillent des brèches dans le monde sensible et ouvrent des passages vers d'autres dimensions. Cet incident vient-il de m'inviter vers l'un de ces univers dont les chamans détiennent la clef ?

Aimantée par les royaumes de Borée, j'ai toujours été passionnée par le mythe d'Ultima Thulé, la fin du monde connu, le début d'un autre. Le point de terre le plus septentrional de notre hémisphère se trouve au bord d'un précipice que l'humanité n'approche pas. Il est bon de marcher le long des parapets. Le désenchantement du monde n'est pas une fatalité. La beauté, la magie et le sacré sont à portée de main.

Un jour, après la disparition de mon cousin canadien

qui était comme un frère pour moi, la deuxième femme de mon père, une Québécoise aux ancêtres abénaquis, m'a appris que les morts volaient vers le Nord. Ils suivent l'étoile polaire sans s'arrêter pour trouver les portes de l'au-delà. S'il existe, le paradis doit être boréal.

Les voyageurs de la Renaissance le croyaient aussi. Selon eux, le soleil éternel du Grand Nord couvait des mers chaudes et des terres d'abondance. On y vivait dans la grâce, nourri de délices infinies. D'autres voyageurs cherchaient dans ces contrées lointaines une porte secrète qui menait vers le centre de la Terre, vers un autre univers. Cette porte était cachée au cœur d'une montagne sise au milieu de l'océan Arctique[1].

Je ne serai jamais si proche de la piste qui mène vers ces mondes parallèles que dans cette région de l'Oural polaire aux environs de Vorkouta. Ici, la lumière plaque magiquement ses pâleurs sur les tourments du relief. Les forces magnétiques s'entrecroisent en de puissants faisccaux. Le ciel est si bas qu'on le croit descendu au ras des monts pour chuchoter des mystères aux oreilles des hommes. Il me tarde de connaître le langage des confins sibériens.

Peut-être ai-je abordé ici à l'une des dernières contrées où la mystique tient encore son rang et où les hommes, la nature et les bêtes n'en ont pas fini de cette conversation commencée dans la nuit des temps.

---

1. Robert McGhee, *The Last Imaginary Place, A Human History of the Arctic World*, Toronto, Key Porter Books, 2004.

J'ai grandi dans les bois au Québec où j'ai appris à lire les expressions invisibles de la nature et à respecter son intelligence. Les arbres parlent. Les rivières aussi. Je ne me sens jamais seule dans une forêt et passe des heures à lire le roman des empreintes nocturnes tracées par les bêtes dans la neige. Mon enfance a été nourrie de légendes inuit où les femmes se transforment en chiens et les hommes en corbeaux. J'ai souvent rêvé de Sedna, la déesse de la mer. Le chaman plongeait dans l'eau glacée pour calmer ses colères en coiffant ses cheveux. Sedna acceptait ainsi de relâcher les poissons et les phoques qu'elle tenait auprès d'elle.

Plus tard, j'ai dû confiner ces histoires dans le coffre de mes souvenirs. La culture inuit canadienne qui alimenta la naïveté de mon enfance n'est plus la même. Elle a été dissoute dans le whisky, le cholestérol et la social-démocratie. Même si certains Inuits se battent pour préserver leur identité et leur indépendance, la nouvelle génération préfère les jeux électroniques et les matchs de hockey à la télévision à la chasse au phoque et à l'art de l'igloo. Et peut-on le leur reprocher ? Ils sont comme tous les autres enfants du XXIe siècle. Le consumérisme et le matérialisme nord-américains gagnent aussi le Nord, balayant l'ordre familial, les coutumes et les rites. Les quotidiens de Montréal se gargarisent de faits divers : Inuits qui battent leurs femmes, suicides dans les villages, règlements de compte sur fond d'adolescence à la dérive, naufrages alcooliques. Les Inuits sont passés de l'âge de fer à Internet en un demi-siècle. Ils sont nombreux à ne pas avoir tenu le choc.

Youri ordonne au chauffeur de repartir : « *Davaïte tovaritch !* »

L'apparition de ce Nenets sur son traîneau me donne espoir. Tout n'est peut-être pas si sombre de ce côté du cercle arctique. Le mode de vie de ces autochtones ne semble pas avoir beaucoup changé au cours du siècle dernier. Aurait-il mieux résisté à la colonisation et aux influences allogènes dans cette partie de la Russie qu'au Canada, en Alaska ou au Groenland ? La civilisation polaire, que je croyais engloutie, se maintiendrait-elle encore sur quelques péninsules dans le Nord sibérien ? Youri m'apprend que les Nenets constituent la minorité autochtone la plus nombreuse de l'Arctique russe[1]. Ils sont près de 43 000, dont plus d'un tiers nomadise encore dans la toundra et vit de l'élevage de rennes ou de la pêche. L'animal leur donne un toit, des vêtements, de la nourriture et sert au transport. L'été, les rennes migrent vers la mer pour fuir la chaleur et les moustiques. L'hiver, ils se dirigent vers les taïgas du sud, pour se protéger du froid et des blizzards mortifères. Vaguement christianisés, beaucoup d'entre eux ont préservé des croyances animistes. Ces voyageurs de la toundra parlent le nenets, un idiome rattaché à la branche samoyède des langues ouraliennes.

L'éruption de ce gardien de rennes a bousculé mon système de pensée. Les questions se bousculent. Comment les Nenets ont-ils survécu aux tyrannies des tsars, aux collectivisations forcées et à l'anarchie qui

1. Les Yakoutes sont plus nombreux mais ils ne sont pas considérés en Russie comme une minorité ethnique.

a suivi l'effondrement du régime communiste ? Pourquoi ont-ils davantage résisté à l'équarrissement des cultures que leurs cousins lointains canadiens ?

Ma quête spirituelle dans le Grand Nord pourrait se doubler d'une enquête. Mes démarches n'en seraient que plus légitimes et mes recherches mystiques plus discrètes. Derrière nos masques professionnels, nous cherchons tous des vérités, quel que soit notre métier. Or moi, je suis journaliste. Irriguée par le fait brut et la rigueur, je ne demande qu'à me métamorphoser.

La toundra m'invite au bord du monde. À moi de faire le premier pas. Je devine la suite sévère et subtile.

Mais le moment n'est pas encore au voyage. D'autres sirènes me détournent de mon rêve. J'ai un reportage à boucler. C'est mon journal qui m'envoie et non encore mon âme qui me guide. La brume s'est levée. Plus que deux ou trois kilomètres avant d'atteindre la mine de charbon. Le soleil mitraille les nuages. Taches de ciel bleu. Des camions croisent au loin. Je me jure de retrouver un jour la trace du traîneau à rennes. Le vent l'a déjà effacée – pas dans mon esprit.

2001

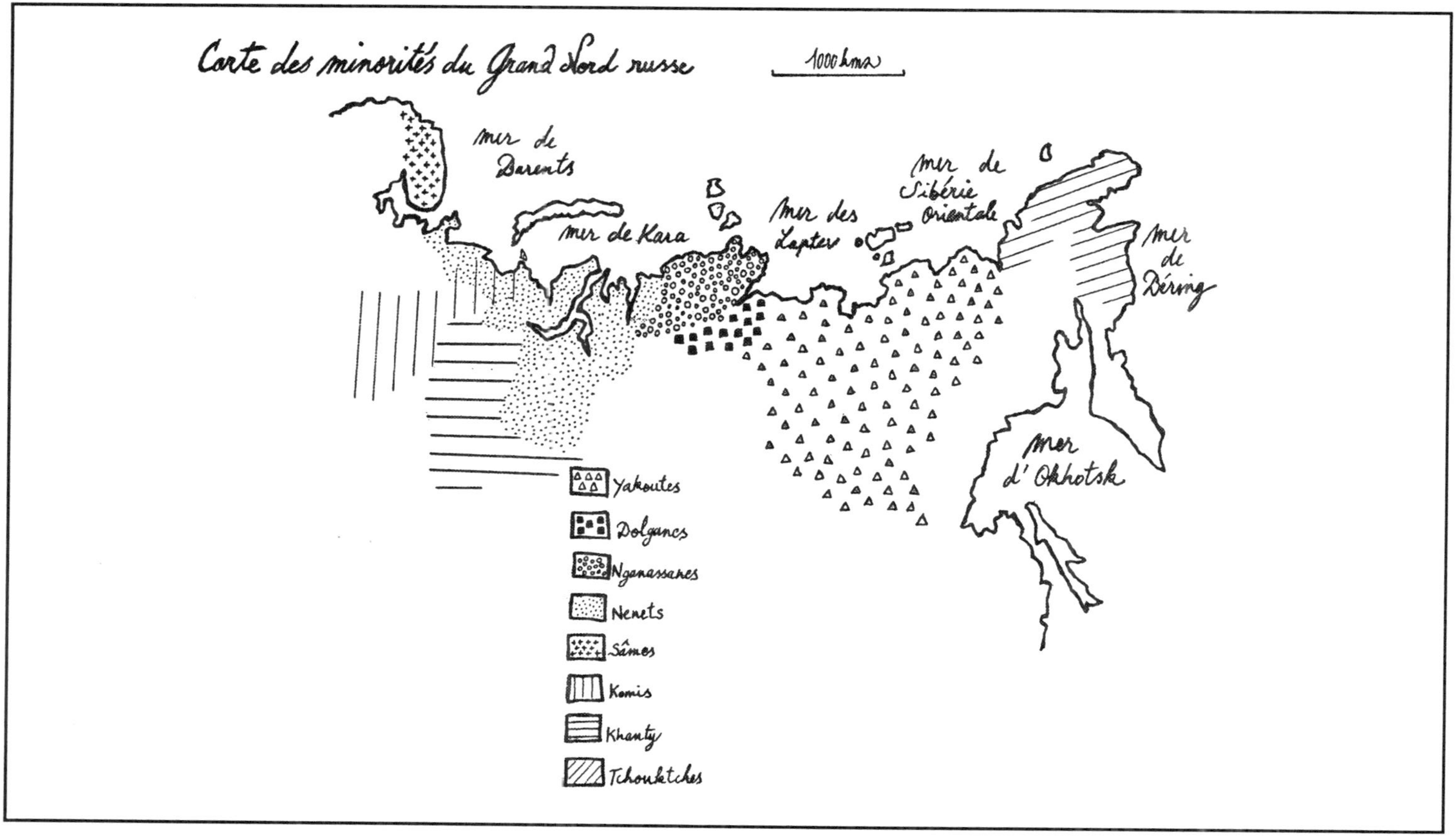
Carte des minorités du Grand Nord russe
1000 kms
mer de Barents
mer de Kara
Mer des Laptev
Mer de Sibérie Orientale
Mer de Béring
Mer d'Okhotsk
Yakoutes
Dolgancs
Nganassanes
Nenets
Sâmes
Komis
Khanty
Tchouktches

Vorkouta

Plus de contemplations arctiques. Tourner le kaléidoscope. Viser d'autres desseins. Poser ce rêve de voyage sur une étagère. Le protéger. Le laisser mûrir. Surtout n'en parler à personne. Les athées détruisent les miracles, les amis les illusions. Il est des mondes où il vaut mieux s'aventurer seule.

J'ignore quand viendra le temps où je foulerai ces plaines, atteindrai le bout de la terre et serrerai la main d'un Nenets. Seule certitude : un jour, je lèverai l'ancre d'ici et ferai de Vorkouta mon port de départ. Je me plongerai dans la toundra, avec le nord pour cap et les Nenets pour guides.

Pour l'instant, je dois poursuivre un autre chemin, celui de la mine de Vorgashor, l'un des réseaux d'extraction les plus tentaculaires de Russie. Vingt kilomètres de galeries reliées par une voie ferrée souterraine. Comme les Nenets, les mineurs sont en instance de survie.

Une forteresse se dresse dans la plaine. Spirales de fumée noire. Chevalets d'acier. Carrés de béton. Nous atteignons l'entrée de la mine. La Volga de Youri s'arrête. Une barrière se lève. Une mosaïque à la gloire des travailleurs du charbon nous accueille : « Mineurs, vous êtes la force de notre pays ! » Puis une autre : « Merci de votre travail, reposez-vous bien ! » Les mineurs sont les derniers symboles vivants de l'idéal communiste. Extraire le charbon était une occupation de prestige du temps des Rouges. Les meilleurs, les stakhanovistes[1], recevaient des médailles. Les mineurs apportaient une pierre sacrée à l'édifice de la puissance soviétique. Leurs salaires figuraient parmi les plus élevés de l'Union.

Aujourd'hui, ils n'ont pas été payés depuis des mois, certains depuis deux ans. Leur argent sommeille dans la poche des directeurs de la mine et des *apparatchiki* – les anciens membres du Parti. Une bande de sans-vertu a pris le contrôle de l'économie russe depuis l'arrivée d'Eltsine, le libérateur. Vladimir Vladimirovitch Poutine, au pouvoir depuis un an, ne semble pas en mesure de les déloger. Les mineurs, comme des millions de Russes, sont tombés dans un fossé, pris entre deux pays : celui qui n'est plus et celui qui n'a pas encore vu le jour. La transition s'éternise comme une punition pour innocents.

Les mineurs de Vorkouta survivent grâce au *tormazok* – des sandwichs au saucisson à l'ail et

1. Le terme vient du mineur Alexeï Stakhanov qui, en 1935, réussit à abattre quatorze fois le quota exigé. Il devint le symbole de l'homme nouveau soviétique, la figure de proue de la propagande qui exhortait les ouvriers à se dépasser sans cesse. Plus tard, certains affirmèrent que sa productivité record avait été exagérée. Le régime s'en était servi pour motiver les ouvriers et prouver à l'Occident les extraordinaires capacités productives des travailleurs du pays.

cornichons sur du pain blanc. Ils en bourrent leurs sacoches de toile graisseuse avant de saisir casque et lampe frontale au comptoir suivant et de s'enfoncer à la verticale dans le sous-sol. Entassés dans une cage métallique, ils se saluent en levant une main épaisse. Je les accompagne même si j'ai le trac. On m'a prévenue. Certains visiteurs ne remontent jamais. Mon petit ami à Moscou m'a interdit de descendre dans une mine et je m'en souviens seulement à cet instant. Je me fraie une place parmi les mineurs et leur souris. Mon apparition ne les impressionne pas. Habillés de gris, ils ont le regard dur, le teint bistre et les ongles noirs. Dix minutes pour toucher le fond. Toute une vie. La grille de la porte se déroule. Ils disparaissent un à un, aspirés dans les ténèbres. Les murs suintent. L'air est âcre. Les machines hurlent. La terre souffre de se faire éventrer. Je peine à respirer. Mes tympans cognent. Je m'imagine dans le repaire d'une lycose géante. Je remonte sans tarder. Je n'aurais pas fait un bon mineur.

Le pilote de l'ascenseur n'a plus d'auriculaire. « L'équipement est *kaput*, me dit-il. Les galeries sont traîtres, mal entretenues. Coups bas, coups de grisou, ajoute-t-il avec un sourire de diable. Des dizaines d'entre nous ont péri. »

C'est l'heure de la relève. D'autres mineurs refont surface, les épaules voûtées. Le blanc des yeux jaillit des visages anthracite. Gueules d'extraterrestres. À quelques mètres de l'ascenseur, des hommes penchent leurs visières sur un tapis roulant. Ils tentent de le réparer. Étincelles.

« On fait du neuf avec du vieux », me dit l'un

d'eux en riant. Il n'a pas reçu de salaire depuis un an. « Ma femme et moi, on vit grâce au tormazok et nous allons bien. Sauf que ça ne remplace pas la vodka, évidemment ! »

Les mineurs continuent de travailler pour rester des hommes. En France, ils auraient mis le pays à feu. Je les admire. Soudés, ils narguent l'autorité de l'État. Soutenus par l'opinion publique, ils ont été parmi les seuls travailleurs à se faire entendre. Sous Gorbatchev, ils subirent un *déficit* de savon. Leurs grèves massives émurent tout le pays. Sous Eltsine, les mineurs avaient bloqué le Transsibérien pour manifester contre les salaires impayés : assis sur des bancs posés en travers des rails, au milieu des champs, des chapeaux en papier journal sur la tête pour se protéger du soleil, ils jouaient aux cartes à quelques mètres de la micheline. « Le gouvernement est pourri, me disait l'un de ces mineurs que j'avais rencontré en 1998. Rien à en tirer. La liberté et la démocratie, ça ne vaut pas un sac de pommes de terre ! » Un autre hurlait : « À bas les capitalistes ! Ils prennent tout et ne donnent rien ! »

Aujourd'hui, les mineurs de Vorkouta ne protestent pas. Ils n'en ont plus la force. L'espoir est mort. Ils subissent en silence et gardent leur énergie pour survivre. Youri, le député-maire, est écœuré : « Il y a deux ans, en 1999, on nous a envoyé un wagon de chaussures de sport pour payer les mineurs. Il s'est "perdu en route". Maintenant, il ne reste plus rien à voler – nulle part. »

Youri s'assied avec moi sous les néons de la cafétéria de la mine. Des cuisinières en blanc préparent des *pelménis*, des raviolis sibériens. Nous sommes à la place habituelle de Youri, du temps où il était mineur, il y a moins de dix ans. Il en a bavé comme les autres. Il n'est pas optimiste. À terme, toutes les mines de Vorkouta fermeront. « C'est inévitable, explique-t-il. Le charbon n'est plus en vogue. On préfère le gaz. »

Qui souhaiterait vivre ici ? Une ville perdue au-dessus du cercle arctique, reliée à aucune route, déconnectée du reste de la Russie. L'obscurité y règne une partie de l'année. Si des géologues n'avaient pas découvert des bassins de houille à la fin des années 1920, seuls les rennes fouleraient ces plaines. Pendant des siècles, la toundra ne connut de maître que le vent. Les premières cabanes de Vorkouta furent érigées par les prisonniers, traînés jusqu'ici pour prospecter le charbon et creuser le permafrost. Une fois les gisements localisés, les vagues de détenus déferlèrent comme une malédiction. Les premiers arrivèrent jusqu'ici en traîneau à cheval, puis à pied. Ils construisirent eux-mêmes la ligne de chemin de fer jusqu'à Vorkouta.

Ayant fait fuir toutes les grosses fortunes de l'Empire et massacré bourgeois et koulaks, l'État soviétique se retrouva sans un sou. Il fallait reconstruire le pays et accélérer son industrialisation pour rattraper l'Europe. Impossible avec des caisses vides. Une solution : le travail forcé. Des centaines de milliers de prisonniers ont posé des routes et des voies ferrées, creusé des mines, édifié des usines avec les moyens les plus rudimentaires. Dans les années 1930, des camps de travail ont vu le jour à travers toute la

Russie, de la mer Blanche à Magadan. En Sibérie, des baraquements longeaient les voies ferrées sur des centaines de kilomètres. Vorkouta symbolise tout ce système d'exploitation d'un État contre son propre peuple.

L'autorité soviétique a planté son drapeau dans le lichen et cet endroit est devenu un centre de goulags, l'un des principaux îlots de l'Archipel. Les camps se sont multipliés autour des mines de charbon. Pendant la Grande Guerre patriotique de 1941-1945, plus de deux cent mille prisonniers ont crevé de faim et de froid à Vorkouta.

Les *zeks*[1] ont bâti des écoles, un hôpital et des immeubles staliniens longs comme des avenues. Plus tard, un centre culturel a été érigé pour les cheminots et même un théâtre, aujourd'hui fermé, dans lequel se produisaient les troupes du Bolchoï et du Kirov. Les sylphides dansaient Giselle et Juliette sur des planches taillées par les zeks. Vorkouta était pleine de vie. Tout autour rôdait la mort.

Parmi les prisonniers se trouvait Galina Dall, une Ukrainienne d'origine allemande. J'ai partagé le thé avec elle il y a quelques jours dans un appartement sombre de la périphérie de Vorkouta. La directrice du musée de la ville nous a présentées. Les cuisinières de la mine, que j'observe depuis un moment, les mains plongées dans un bol de viande hachée, me font penser à Galina. Peut-être parce qu'elles sont blond platine, elles aussi. Elles doivent toutes utiliser le même peroxydant.

1. *Zek* vient du mot russe *zaklioutchyony*, prisonnier.

Galina... Dix ans de bagne pour avoir touché de « l'argent privé » comme traductrice. Cinq ans de plus pour « arrogance ». Lorsqu'elle est arrivée à Vorkouta en 1945, après trois semaines dans un wagon à bétail, elle se laissait mourir. Un médecin lui a lavé les cheveux pendant son sommeil. Au réveil, elle s'est retrouvée blonde.

« Le médecin m'a dit : “Regardez comme vous êtes belle !” Et j'ai retrouvé le goût de la vie. Il m'a appris que la beauté existait même au pays de la mort blanche. Personne ne raconte que le Goulag, c'était aussi des moments de joie intense ! »

Au camp, elle recevait des lettres d'amour en secret. Au risque d'être fusillés, échappant au regard des chiens et des gardes, ses soupirants lui lançaient des billets lestés d'un caillou par-dessus les barbelés. Ignorant son nom, ils écrivaient : « À la fille aux nattes blondes. » L'amour : planche de salut dans la *raspoutitsa*[1] du quotidien.

Avant d'être expédiée à Vorkouta, Galina fut soumise à l'épreuve du bac d'eau glacée afin de la faire passer aux aveux. En vain. Elle mit des semaines à retrouver la sensation de ses membres. Sur les chantiers, elle reçut un traitement de faveur. Elle ne fut jamais battue. Parlant plusieurs langues, elle aidait les gardiens à communiquer avec les prisonniers. Elle traduisait leurs ordres aux ballerines de Berlin, aux musiciennes des pays baltes et aux ouvrières d'Ukraine

1. Rare exemple d'un mot russe adopté par la langue française qui signifie « période de dégel avec formation d'une couche de boue gluante ».

et de Pologne. Combien de mains fines et délicates ont dû se durcir et se blesser pour recevoir au soir venu quelques morceaux de pain réglementaires ? Combien de cerveaux puissants ont dû rapetisser pour survivre ?

« Vorkouta était la capitale du monde ! J'y ai rencontré l'élite de la société ! » raconte Galina.

Cette femme septuagénaire aux cheveux lisses blond platine, parle avec élégance et utilise des mots rares. Ses yeux dansent lorsqu'elle repense à ce qu'elle a vécu. Artistes, intellectuels, généraux de l'armée Rouge – les meilleurs se retrouvaient au Goulag. Ils alimentaient une vie culturelle intense. Concerts de violons, lecture de poèmes, chants. On s'écrivait des lettres même si on vivait à quelques mètres les uns des autres. On ne demandait jamais à un prisonnier pourquoi il était là ou pour combien de temps. Une manière de se montrer du respect.

Galina est restée neuf ans, onze mois et neuf jours dans les camps de Vorkouta. Elle a ouvert des voies ferrées : celles qui relient aujourd'hui les mines de charbon à la station électrique de Vorkouta et dont la double balafre fuse vers le sud et l'ouest, jusqu'à Moscou.

« Les gardes privaient de ration ceux qui travaillaient mal. Alors on partageait les nôtres. »

Pour survivre, certains zeks filaient la veine comique, d'autres contaient des histoires, alimentaient l'échappatoire du rêve. Une fois leur peine accomplie, les zeks s'installaient à Vorkouta. S'ils retournaient chez eux, ils étaient traités en parias.

Bizarrement, ici, ils gagnaient une autre forme de liberté : celle de ne pas être jugé.

Cinquante ans plus tard, cet esprit de camaraderie est resté, transmis de père en fils. Nulle part ailleurs, en Russie ou dans d'autres pays, je n'ai perçu une telle solidarité. Ici, le fils entretient sa mère, l'oncle sert de père à ses neveux. On vit de dons d'amis, de conserves, de menus cadeaux. Personne n'est regardé en étranger ou affublé de l'infamante expression *nenashi*, « pas des nôtres » qui fait florès dans la Russie poutinienne. Dans les rues, moins de Mercedes, de poules en Versace et de corps gisants, oubliés et marinés dans l'alcool qu'à Moscou, Saint-Pétersbourg ou Perm. Le fossé entre le businessman et le travailleur reste discret. À Vorkouta, le mot d'ordre est l'oubli de soi. Il faut garder la tête haute, même si la misère est grande.

Ici, je trouverai toujours une épaule sur laquelle me reposer. Étrange sentiment. Lors des premières heures, j'avais peur de Vorkouta et de sa sombre aura. Mon cœur se pinçait et mes muscles se contractaient. Puis, après avoir rencontré quelques habitants et fait la connaissance de Youri, le député-maire, je me suis sentie entourée et secondée, et je n'ai plus jamais regardé la ville de la même façon.

Demain, je retourne à Moscou où l'individu est le centre du monde. Le bien commun n'existe pas. Les autres peuvent crever. Karl Marx nous a menti. Je serais devenue communiste à Vorkouta. Ma mère ne s'en serait jamais remise. L'individualisme a le vent en poupe sur l'océan de la nouvelle Russie, par mimétisme avec l'Occident. S'inspirant d'Alexis de

Tocqueville, Charles Taylor, le philosophe canadien, décrit ainsi ce cancer : « La face sombre de l'individualisme tient à un repliement sur soi, qui aplatit nos vies, en appauvrit le sens et nous éloigne du souci des autres et de la société[1]. »

Le tableau sombre du quotidien moscovite s'éclaire au contact de la toundra. On comprend mieux où l'on vit lorsqu'on en est loin. Dans la capitale russe, aucune camaraderie : chacun suit sa voie, en ignorant les autres. Il n'y a pas d'horaires, pas de limites, pas de sens moral. Tout est permis. Tout s'achète et se vend.

Je n'ai que vingt-sept ans et je vieillis à grande vitesse. Je me sens déjà lourde de plusieurs vies. Je travaille trop, sors trop, fume trop. Mes parents me trouvent le teint vert lorsqu'ils me rendent visite. Ce pays est une drogue. Je me shoote aux intrigues du Kremlin et m'enivre au romantisme noir des Russes. Journaliste, je traque le scoop le long de la Moskova. Mon regard est indigène. Le loufoque est devenu banal et l'absurde ordinaire. La dinguerie fait partie de mon quotidien. Je la cultive. Je n'ai aucune envie de revenir en Occident pour replonger dans le *rat race*, cette course au succès, à la carrière, au gros compte en banque, à laquelle tout le monde participe. Cette folie-là, je n'en veux pas. Je préfère tracer mon sillon ici, loin des pressions de nos sociétés trop civilisées.

---

1. Charles Taylor, *Le Malaise de la modernité*, Paris, Éditions du Cerf, 2005, p. 12. Charles Taylor était l'un de mes professeurs de théorie politique à l'université McGill à Montréal. En entrant en classe, il disait : *« Put on your thinking caps ! »* (Mettez vos casques à penser !)

La Russie est devenue ma maison, au moins pour un certain temps. Comme la plupart des têtes brûlées de ce pays, je ne pense pas à demain. L'espérance de vie est tombée à cinquante-huit ans en Russie – la moyenne des habitants d'une ville anglaise en 1870.

Russie : pays de l'improbable. Il n'y a pas très longtemps, une belle brune attirait mon regard dans les rues de Moscou. Elle s'étalait sur une affiche barrée d'un énorme « Je t'aime ! » Une campagne de publicité offerte par un oligarque de la finance à sa bien-aimée. Les barons du capitalisme ont trente ans, les retraités quarante. La Russie est un vaste chantier. La perspective d'effort est à la mesure de son horizon : sans fond. Les Occidentaux investissent des millions au risque de ne plus jamais les revoir. Ils croient les conquérir, mais les Russes, eux, s'apprêtent à les plumer. Et chacun y prend plaisir. Les Moscovites ont découvert les supermarchés et les Occidentaux les filles russes. Dociles *diévouchka* aux yeux clairs, même les plus fidèles n'y résistent pas. Combien de mariages d'expatriés ont elles détruits ! Mon ami Owen Matthews, un journaliste anglais, ne sort qu'avec des Tania pour ne pas se tromper de prénom.

Ma vie russe a commencé l'année de mes vingt et un ans. En janvier 1995, quatre ans après l'écroulement de l'Union, je suis arrivée de Montréal à Nijni Novgorod[1], une ville commerçante à quatre cents kilomètres au sud-est de Moscou, au confluent des

1. En russe, le nom de cette ville signifie « jeune ville basse ». Elle fut fondée en 1221.

fleuves Volga et Oka. Nijni, Gorki sous les Soviets, venait tout juste de s'ouvrir aux étrangers après des décennies d'isolement. On y fabriquait des sous-marins nucléaires, des avions de chasse militaires et des berlines Volga. J'étais venue suivre des cours de russe, rêvant de devenir un jour grand reporter.

Je m'étais inscrite à un programme qui me permettait de vivre chez l'habitant et de passer un mois et demi dans quatre villes différentes : Nijni, Saint-Pétersbourg, Moscou et Tchéliabinsk. Mon groupe d'étudiants était composé de Canadiens et d'Américains. Tous nos cours étaient en russe : littérature, géographie, architecture et histoire. Nous arrondissions les fins de mois de nos professeurs qui vivaient dans des conditions humiliantes sous Eltsine.

À l'arrivée à Nijni au petit matin, par le train de nuit de Moscou, la mère de ma première famille d'accueil, Natalia, est venue me trouver à bord du train. Elle a ouvert la porte de mon compartiment et m'a demandé : « Tu es Astrid ?

— Oui.

— Hum... On en a déjà une comme toi à la maison. »

Sa fille Masha, vingt-quatre ans, est mon sosie. Grande, profil de castor, coupe au carré, lunettes rondes, curieuse et vive.

Nijni : une ville endormie, des fenêtres givrées et des magasins à moitié vides. Mes pas s'enfoncent dans la neige, même dans le centre-ville. Au coin des rues, des femmes en chapka vendent des roses dans des boîtes en verre à la chaleur de quelques bougies.

Le lait est distribué par des camions-citernes. Les passants me dévisagent et me lancent des regards suspects. J'avance avec précaution. Le choc culturel est si profond que je dors tout le temps. Le premier soir, ma mère russe m'annonce que, si je rêve d'un garçon cette nuit-là, il m'épousera. J'en vois bien un en rêve mais, justement, celui-là cessera bientôt de m'écrire.

Ma sœur russe, la jeune Masha, vient de finir ses études de médecine. Avec son salaire, elle peut juste gagner de quoi se payer des cigarettes et un rôti par mois. Masha vit aux côtés de son mari Dima, de sa jolie sœur Irina, de ses parents et de sa grand-mère, toujours communiste. Ensemble, ils partagent une élégante maison en bois plus que centenaire. Des amis entrent et sortent à toute heure. Je trouve toujours quelqu'un avec qui boire le thé ou la vodka. On passe de la joie à la tragédie en quelques secondes. Le chaos familial est permanent. Les Russes ont développé une sorte de familiarité à vivre dans l'adversité. Ils prospèrent dans la précarité et opposent toujours à la dureté de la vie une plus grande dureté, celle de l'âme et du corps.

J'ai contracté une maladie dont on ne se débarrasse pas, l'amour de la Russie, et endossé l'habit d'une troisième nationalité. Une solution inespérée pour moi qui ai passé ma vie à vouloir choisir entre le Canada et la France, en vain. Cette nouvelle peau qui m'enveloppe de sa chaleur m'aidera à ne rien craindre à Vorkouta. La famille de Masha m'a donné les clés pour survivre dans ce pays. Depuis que j'ai vécu avec elle, je me sens partout chez moi en Russie, même dans cette ancienne capitale du Goulag. Son passé ne m'intimide pas. Au contraire, il m'attire. Sa détresse ne me mine pas. Elle me rend plus courageuse. Parmi les âmes mortes, je me sens vivante.

À Vorkouta, j'ai aperçu la lueur d'un trésor. De loin, je ne sais pas à quoi ressemble ma quête mais je sais qu'elle a déjà commencé. Un jour, je reprendrai le fil là où je l'ai laissé, dans les neiges de l'Oural.

2005

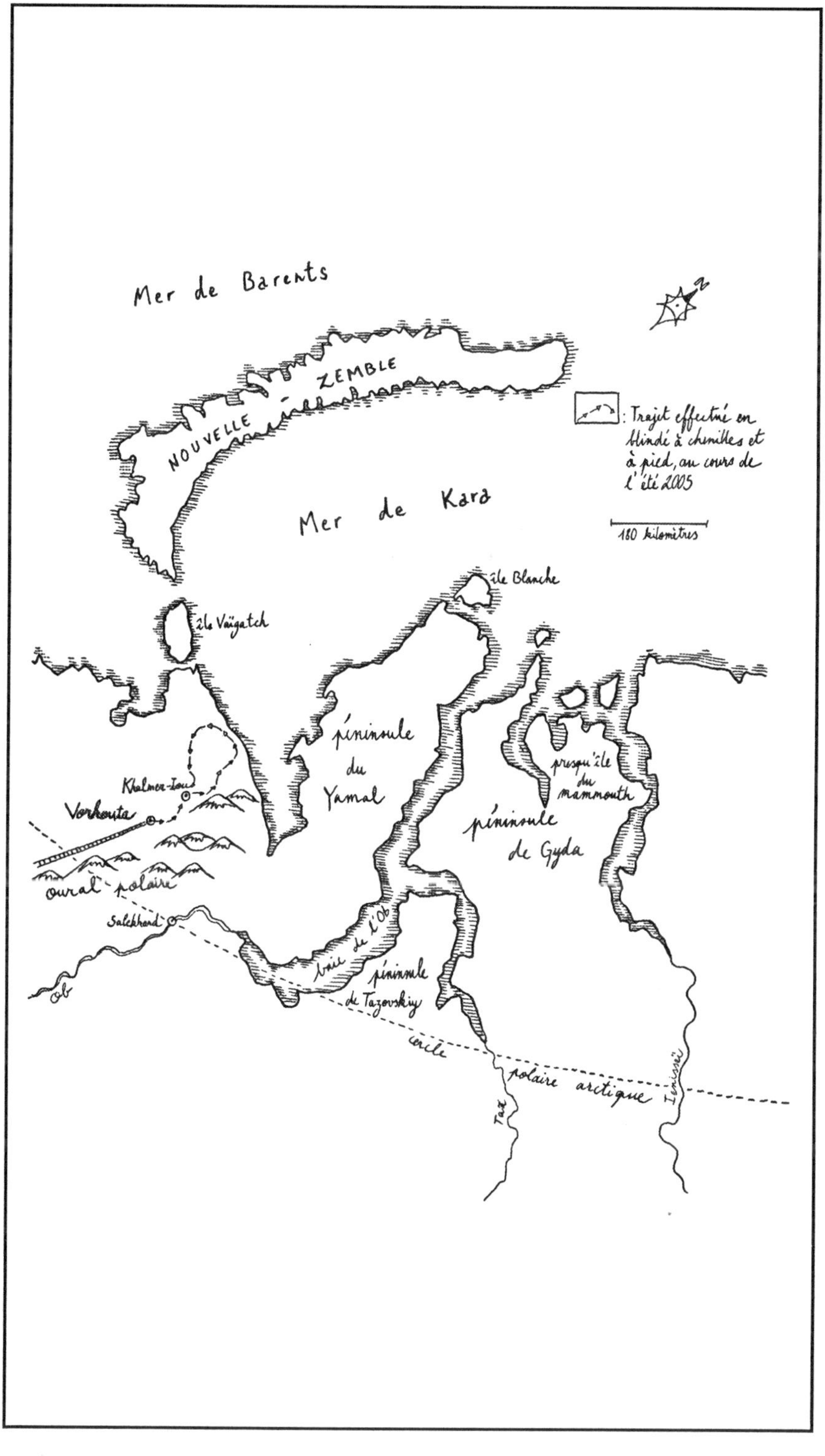
Mer de Barents
NOUVELLE ZEMBLE
: Trajet effectué en blindé à chenilles et à pied, au cours de l'été 2005
Mer de Kara
180 kilomètres
île Blanche
île Vaïgatch
péninsule du Yamal
presqu'île du mammouth
péninsule de Gyda
Khalmer-Iou
Vorkouta
oural polaire
Salekhard
baie de l'Ob
péninsule de Tazovskiy
Ob
cercle polaire arctique
Taz
Ienisseï

Naviguer en haute terre

Pour atteindre Vorkouta, il faut quarante-deux heures en train depuis Moscou ou une journée et demie en avion avec une interminable escale à Syktyvkar, en république des Komis. J'ai choisi la deuxième option. Sur le tarmac à Syktyvkar, j'inspecte l'avion avant de balancer mon sac dans son ventre. Beaucoup d'espace entre les plaques de métal sur ses ailes. De grosses vis dépassent. La mécanique date des années 1980. Cet Iliouchine à hélices de la Komi Airlines m'inspire autant confiance qu'une centrale nucléaire russe. Sa place serait davantage dans un musée de l'air que sur une piste de décollage. Mais les Russes possèdent le talent de faire refonctionner les choses hors d'usage. Ils se révèlent toujours d'une grande compétence dans les situations désespérées. Celles-ci font partie de leur quotidien.

Les hélices de l'Iliouchine vrombissent. L'appareil défie son âge et décolle. Vive l'aviation russe ! Le fracas des moteurs me fait abandonner tout espoir de dormir. En route vers le Grand Nord, pays où le sommeil n'existe pas ! Par le hublot, je vois des chapelets de lacs, des filaments de rivières et les taches sombres des forêts, mais pas de trace de vie humaine. Le ciel, plus grand qu'ailleurs, ouvre l'esprit de qui le contemple.

Me voici enfin de retour. J'aurai mis plus de quatre ans à franchir le pas. Pas facile de donner une place à ses rêves dans le maelström du quotidien. Les mois et les saisons ont passé et le sentiment croissant de lâcheté de n'avoir rien fait s'est transformé en angoisse. Rien de pire que l'inaction. Avant de partir, je me sentais veule, inaccomplie, enlisée dans le confort matériel. Ma vie était sur des rails. Mon remède : billets d'avion Paris-Moscou, Moscou-Syktykvar-Vorkouta. Il est des appels que l'on ne peut ignorer toute sa vie. Le mien est toujours venu du Nord. Je n'ai jamais vraiment su pourquoi. Les Nenets sont devenus mon fil d'Ariane, les sentinelles de mon existence. Assise dans l'avion, je suis fébrile d'excitation.

L'Iliouchine atterrit à Vorkouta à l'aube dans un brouillard épais. Corps et âme retouchent terre. Dehors, il fait – 2 °C. Je déambule sur le tarmac, raide comme une asperge gelée. En ce début d'été, on se croirait en novembre. Le parking fait office de hall d'arrivée. J'y retrouve Youri, le député-maire. Au premier regard, il me sourit et sans un mot m'embarque dans sa Volga.

Youri a une soixantaine d'années et, comme beaucoup de Russes, porte une veste noire et des chaussures à bouts carrés. Il a des yeux d'ours et la figure ronde du jouisseur. Ses cheveux sont coiffés en épines de porc-épic avec du gel. On dirait qu'il sort de boîte de nuit.

À travers les fenêtres de sa voiture, je découvre une autre ville que celle que j'ai connue en 2001. Une tornade s'est abattue sur Vorkouta. Je vois défiler des maisons éventrées, des immeubles effondrés, des allées pleines de débris. Les portes claquent au vent. Des chiens errants sillonnent les rues. Deux ivrognes dorment sur un banc. Que s'est-il passé ? En quelques années, Vorkouta s'est transformée en cité fantôme. Est-ce la neige, maintenant disparue, qui cachait ces immondices ? Les bâtisses sont si délabrées que c'en est étonnant d'en voir sortir des hommes. On voudrait tout raser.

Sur le trottoir, une babouchka plonge ses bras dans un conteneur poubelle en métal rouillé. Elle cherche de quoi manger. Elle ouvre des sacs, trie les détritus. Cette femme a dévoué sa vie aux ambitions de l'économie planifiée. Aujourd'hui, elle ne sait pas si elle pourra se nourrir normalement. La transition a matraqué les retraités. Ils n'ont pas eu la force de s'adapter. Les autorités de la nouvelle Russie et les jeunes générations les ont laissés choir. Je n'aurais jamais cru voir cette scène à Vorkouta.

Ce décor me serre le cœur. Où sont la douceur duveteuse et l'harmonie que j'avais senties lors de ma première visite ? Dans cette ex-capitale du Goulag, j'avais découvert une camaraderie hors du commun. Cette fois, cette tradition d'entraide me semble nettement moins présente. Une autre impression prime, beaucoup moins positive. Celle d'une ville qui meurt.

« Pourquoi toutes ces maisons ont-elles été détruites ?

— C'est la Banque mondiale qui l'a voulu, me répond Youri sèchement. Elle nous a forcés à fermer la moitié des mines. Nous avons mis à pied des centaines de mineurs. Le gouvernement russe exauce les souhaits de la Banque. En échange, il reçoit de gros chèques de prêt. »

Une fois chez lui, Youri me sert un verre de cognac. Il est 5 heures du matin. Je suis heureuse de le retrouver. Sans son aide, je n'aurais jamais entrepris de partir dans la toundra. Nous nous connaissons à peine mais nous nous asseyons l'un à côté de l'autre comme de vieux amis.

« Nous sommes dans ma base », dit-il.

Son appartement est un ancien hangar pour bétonneuses. Il y organise des fêtes et reçoit des filles. Je remarque des miroirs au plafond de sa chambre, une peau de loup sur son lit. Soudain, je réalise que je suis seule dans sa garçonnière. À sa merci. J'espère qu'il n'a pas de vues sur moi. Il y a tant de jolies demoiselles à Vorkouta... Pourvu que je ne lui plaise pas.

Je tente d'obtenir des précisions sur notre voyage en pays nenets. Pour l'instant, rien n'est prêt. Youri ne sait pas s'il viendra avec moi. Je vais partir avec quelqu'un qui fait affaires avec les nomades. Il me répète que je n'ai pas à m'inquiéter. Sieste éclair après la bouteille de cognac mise à mort. Au réveil, nous replongeons dans sa Volga, la techno à fond.

Vorkouta a perdu plus de la moitié de ses habitants en dix ans. Youri me conduit à travers d'autres quartiers rasés. Il souhaite me faire rencontrer l'une des échouées des environs dont la maison fait partie des trois dernières du village de mineurs de Promyshlennyi[1], à quelques kilomètres du centre-ville. Elle trône au milieu d'un amas de câbles et de planches. Une baignoire renversée gît comme une tombe dans un jardin embroussaillé. Nous frappons à la porte de Nadia, une cinquantenaire dodue originaire de Bouriatie, une république de la Fédération de Russie au nord de la Mongolie. On vient de lui couper l'eau et l'électricité.

« Nous sommes arrivés à Vorkouta sous Brejnev, attirés par les salaires élevés, raconte-t-elle. Avant, mon mari et moi vivions près d'Irkoutsk. Dans les mines, on lui offrait le triple de son salaire des champs. Maintenant, il n'y a plus de travail pour les mineurs. Nous allons retourner chez nous dans le sud, dans la taïga. Nous y élèverons une vache ou deux. Nous cultiverons des légumes et ferons des conserves. Regardez ! Ici, la terre est gelée. On peut rien en faire. On y trouve que des champignons et des baies et seulement deux mois par an ! »

Nadia croit davantage en son carré de pommes de terre qu'en l'avenir du capitalisme à la russe. Elle fait partie de ces désillusionnés pour qui l'autosubsistance est le seul gage de survie. En ce début de XXIe siècle, son unique espoir est de revenir cent ans en arrière.

Youri me conduit à travers des dizaines de villages abandonnés tels que Promyshlennyi. La toundra va reprendre ses droits. « Tu vois ici, il y avait une école, là une usine de matériaux de construction, un kolkhoze. Maintenant, plus rien. »

Après avoir englouti des milliers d'âmes dans les

1. « Industriel », en russe.

mines et les goulags, Vorkouta voit venir la fin de sa vie. En soixante-dix ans, le temps d'une existence, cette ville s'est émancipée et autodétruite. Quel gâchis d'efforts et d'énergie ! Allégorie de l'expérience soviétique. C'est justice que Vorkouta s'écroule : elle n'aurait jamais dû voir le jour. Finalement, j'ai hâte de quitter cet endroit.

« Tu partiras ce soir, me dit Youri. C'est une tradition de voyager la nuit. Dans la toundra, on ne ferme pas souvent l'œil. On dort quand on peut. »

Au moment du départ, Youri m'apprend qu'il ne viendra pas. Il a trop à faire. Cela me rassure. Je sentais la tension monter entre nous. Je lui ai fait comprendre qu'il n'était pas mon genre d'homme. Ça a dû l'agacer un peu. Certains hommes gardent toujours un petit espoir, même si on ne leur en donne aucun. Youri a affrété pour moi un vezdyékhod, un blindé à chenilles sans canon avec une gueule de crapaud écrasé. En russe, le mot signifie « qui va part partout ». Avec le renne, c'est le moyen de locomotion le plus utilisé dans la toundra. Les Soviétiques le destinaient à envahir l'Occident. Il sert aujourd'hui au transport des passagers dans les immensités.

Tolik, ancien géologue de cinquante-trois ans, s'est reconverti en conducteur de vezdyékhod à la fermeture des mines. Il est une caricature de l'*Homo soviéticus* : mains noueuses, avant-bras tatoués, yeux bleus translucides, un Jean Valjean du Grand Nord. Tolik est accompagné de Sergeï, son coéquipier, un être gris, sans âge ni personnalité. Il sent le vieil alcool et n'a pas l'air très loquace.

Lorsque l'engin démarre, je comprends pourquoi

ils ont tous les deux bouché leurs oreilles à l'aide de coton. Hilare, Tolik hurle *« Grim, grim ! »* pour imiter le vacarme du moteur. Pas une once d'électronique dans cet appareil qui n'a pas évolué depuis les années 1950. Tolik actionne des leviers, tire sur une pompe pour laver les vitres. Les mécaniques puissantes ont toujours rendu fiers les Russes. Mes compagnons ont du patriotisme dans les yeux. On se croirait dans un T-34 en marche vers Berlin !

La terre s'ouvre, écrasée par le ciel. De vastes prés mouchetés de fleurs lilliputiennes recèlent marécages et rivières pièges dont se moque le vezdyékhod. À part quelques perdrix et un lièvre levés par les chenilles de l'engin, le néant s'étale jusqu'à l'horizon. Nos seuls compagnons de route sont les dos ronds des monts Oural. Notre cap : le nord – le plus bel axe du monde. Je me crois en haute mer. Échouerons-nous sur la terre ferme ?

Une construction jaillit de nulle part : une mine et trois bâtisses abandonnées.

« C'est Khalmer-Iou, une ancienne mine de charbon très dangereuse, dit Tolik. On l'a fermée il y a dix ans. »

Ici, des douzaines de mineurs mouraient d'un coup. Les plafonds des boyaux s'écroulaient mais il fallait continuer d'y sacrifier toujours plus d'âmes pour nourrir ce minotaure des Temps modernes. Le charbon y était de haute qualité.

« Un homme vit encore ici, dit Tolik. Il n'a pas de *propousk*[1], alors il se cache. »

1. Permis de résidence.

J'aimerais rencontrer ce naufragé du bout des terres... Je l'imagine errant dans ce paysage lugubre parmi les débris. *Khal* signifie « cimetière » en langue nenets et *riou* « rivière ». Si ce lieu porte le nom de « cimetière près de la rivière », il doit regorger de fantômes.

Le soleil boréal dissout toute notion de l'heure. Il faut une montre pour démêler le matin du soir. Quand on ne compte plus le temps, il devient un ami. Le vezdyékhod gronde comme une bête, écrase la terre, déchire les myosotis, broie les arbustes, propulse des giclées de boue. Rien ne l'arrête. Il laisse derrière lui de larges balafres.

Un pic blanc émerge de la plaine. La tente nenets, appelée « tchoum », est un port de navigation hauturière. Sa forme conique rappelle celle des tipis indiens d'Amérique du Nord. Je descends du blindé. Des bois de rennes découpent la grisaille. Les bêtes approchent. Mes yeux s'attardent sur leurs narines et leurs barbes blanches. Les rennes se promènent avec des airs de vieux messieurs qui parlent du mauvais temps. La masse en mouvement fait des bruits étranges, un mélange de grognements nasaux et de croassements – *awh ! awh !* Le troupeau disparaît derrière la colline, encerclé de chiens. La toundra est aussi morne que les glacis surréalistes de Dalí. L'horizon est pris en étau entre la mâchoire du ciel et celle de la terre.

Ce vide me transporte. J'imagine mes pieds abandonner tout contact avec l'herbe mouillée et mon corps s'élever. Pendant une fraction de seconde, je flotte. Je suis sous le choc de mes premiers pas dans la toundra. Il me semble que tous les éléments se détachent de la terre – la tente, les chiens, les hommes, tout est en suspension. Ce décor me ramène aux origines du monde, lorsqu'il n'y avait pas de vie sur terre. Il sied aux Nenets, gardiens de la mémoire des hommes à travers les âges.

Les pans de toile de la tente s'écartent. Un laïka sort. Ce chien polaire sibérien a du loup en lui – à moins que ce ne soit un loup qui serait devenu chien. Un Nenets, le visage à moitié caché par la capuche de son manteau triangulaire, jambes écartées, nous considère avec une inquiétude de vigie. C'est le chef de famille, Pyotr Ilitch Laptander.

Pyotr a la peau couleur havane, les yeux noirs, pétillants, bridés et rieurs, le visage rond et les pommettes saillantes. Il soulève une main posée sur un couteau accroché à sa ceinture pour nous faire signe de rentrer nous réchauffer.

En pénétrant sous le tchoum, les hommes répondent à un rituel étonnant. Chacun tourne le dos, prend par une main un pan de toile et le rabat sur lui-même dans un claquement de cape. Cette révérence marque le passage de la rigueur de la toundra à la chaleur du foyer. Le tchoum, assez grand pour une douzaine de personnes, est enfumé. Mes yeux brûlent. Je pleure pour les soulager. Ici, il faut vivre baissé. Nous nous écroulons sur des peaux de rennes.

Les femmes s'activent. Deux tables basses sont dressées, couvertes de nourriture. Menu de bienvenue : poisson cru, oignons tranchés, renne bouilli, baies, biscuits secs. Malgré l'heure tardive, toute la famille se met à table. Les voyageurs sont reçus à toute heure – règle de vie nomade.

Instinctivement, je me place à côté des femmes agenouillées à une table. Les hommes sont à une autre. Trois chiots dorment autour du feu. Le vent souffle. La pluie rebondit sur la toile. Nous dînons en silence. Des matelas sont soigneusement pliés contre une paroi du tchoum. Pas une poussière sur le plancher de bois. Parfois, une sœur balaie le sol avec une aile d'oie. Embrochée sur des barres de métal au-dessus des braises, de la viande de renne sèche. Tout est en ordre. Tout est à sa place. Tout a un sens. Le tchoum : bulle de confort et d'intelligence dans l'implacable toundra.

Mes hôtes sont beaux. Leurs visages racontent une vie passée à écumer les plaines, à battre les marécages et à courir la terre humide. Les hommes, dont aucun ne dépasse le mètre soixante, portent des chemises à carreaux recouvertes de poils de bêtes et des guêtres en peaux de rennes. Dehors, ils se protègent du froid avec un manteau à capuche, serré à la taille par une ceinture en cuir, ornée d'amulettes.

Les femmes se couvrent la tête d'un fichu, assorti à leur robe à collerette en satin. Leur pelisse en peau retournée est égayée de renard blanc au col et de bandes de feutrine aux épaules et aux manches. Leurs cheveux ébène se rejoignent dans leur dos en deux longues tresses noires, plombées de perles et de pendentifs en bronze. Je perçois plus de sévérité dans leur regard que dans celui des hommes.

Certains scientifiques pensent que les habitants de l'Arctique tiennent leurs traits bridés d'une couche de graisse au-dessus des paupières qui plisse leurs yeux et les protège du soleil et de l'albédo[1]. Ma théorie est moins plausible : et s'ils étaient bridés parce qu'ils rient beaucoup ? Une autre explication, plus évidente, vient de leur ethnogenèse – vaste chantier pour les ethnologues. Certains disent que les Nenets possèdent des traits mongoloïdes parce qu'ils viennent des monts Saïan et de la région de l'Altaï, au nord-ouest de la Mongolie. Ils auraient migré vers le nord et l'ouest au cours du premier millénaire et au début du deuxième, en suivant le cours de migration naturel du renne et celui des rivières Ob, Irtych et Ienisseï. Beaucoup de Nenets aujourd'hui vivent dans le nord de la Russie. Certains nomadisent jusqu'à Norilsk, en Sibérie. Mais le District autonome nenets, l'Oural polaire et les trois doigts des péninsules de Yamal, Gyda et Tazovskiy restent leur terre de prédilection.

Selon la légende, les Nenets se seraient assimilés à des paléo-autochtones de l'Arctique, les Sikhirtya, des hommes de petite taille qui vivaient de chasse et de pêche et habitaient des maisons sous terre. Le mythe vit encore aujourd'hui, relaté dans quelques contes nenets.

Les Inuits, comme les Nenets, ont migré longtemps avant de s'établir. Plusieurs vagues de migration ont déferlé d'Asie centrale jusqu'au Canada et au Groenland par le détroit de Béring, alors exondé, il y a environ six mille ans. Les paléo-esquimaux ont colonisé les côtes de l'Alaska jusqu'à la côte Est du

1. Réflexion du soleil sur la neige et la glace.

Groenland. Au Canada, cette population a été remplacée entre le XIe et le XVe siècle par des groupes en provenance d'Alaska, porteurs de la culture dite de « Thulé »[1]. Les ancêtres des Amérindiens d'Amérique du Nord, eux, seraient arrivés bien longtemps avant les Inuits, à pied « par le pont béringien » qui reliait l'Ancien et le Nouveau Monde pendant la dernière grande glaciation[2].

Les Nenets sont parmi les derniers autochtones de Sibérie à avoir préservé leur langue. D'autres comme les Oroks, les Tofalars, les Youkaguires et les Selkoupes, n'ont pas eu cette chance. Ils sont si peu nombreux que leur dialecte est en voie de disparition, absorbé par la masse russophone. Seuls quelques passionnés ou anciens utilisent encore les expressions de leurs aïeux. Ces idiomes, comme bien d'autres avant eux, termineront au musée des langues mortes et ne seront pratiqués que par une poignée d'universitaires[3].

Si, par chance, les Nenets s'expriment en russe, c'est un sabir souvent difficile à saisir. Leur accent nasal avale les mots. Je dois me concentrer pour les comprendre. Les femmes du tchoum me demandent pourquoi j'ai poussé mon chemin jusqu'ici.

« Je suis venue vous rencontrer. »

1. *Les Inuits de l'Arctique canadien*, textes recueillis par Pauline Huret, préface de Michèle Therrien, Québec, Université Laval, 2003, p. 21.

2. *Ibid.*

3. L'Institut des peuples du nord, rattaché à l'université Herzen de Saint-Pétersbourg, enseigne encore quelques-unes de ces langues aujourd'hui devenues rares.

Elles me regardent, consternées : je n'ai donc rien de mieux à faire ? En comparaison avec leur vie si pleine, construite autour de l'élevage de rennes et de la vie de famille, la mienne doit leur paraître bien vide de sens. Mais peut-être ceci n'est que le jugement que je porte sur moi-même et non pas le leur ? Mon quotidien parisien me semble un peu absurde vu d'ici. J'ai envie de jeter quelques petites choses par la fenêtre mais je n'ai pas encore décidé lesquelles. Fin du premier échange. Tout le monde se couche. Je passe la nuit dans le vezdyékhod.

Je me réveille seule. En sortant du blindé à chenilles, je me trouve au milieu de mille rennes. Les Nenets courent, lasso en main. L'un d'eux attrape un renne par les bois, le tire vers lui. L'animal se débat, secoue la tête pour se libérer, tombe sur le flanc. Un nomade le tient pendant qu'un autre lui scie les bois. Giclées de sang. Panique dans l'œil du renne. Du sang coule sur sa fourrure et s'égoutte dans l'herbe. Les Nenets mettent des élastiques sur les moignons de corne sanguinolents pour arrêter l'hémorragie.

Le renne amputé se lève et rejoint le troupeau d'un pas humilié. Sur un traîneau fume une brassée de ces bois fraîchement coupés. Ils sont destinés à des businessmen russes. Dix dollars le kilo pour ces attributs qui, une fois réduits en poudre, fourniront la pharmacopée asiatique. Destin du renne : de la puissante toundra aux impuissants Chinois. Je m'adresse au patriarche : « Est-ce que le bois de renne est vraiment un stimulant sexuel ?

— Non, mais l'essentiel c'est que certains en soient persuadés. »

Pyotr n'aime pas beaucoup couper tant de bois de renne. L'opération fragilise les bêtes. Mais, en échange, il recevra des vivres pour nourrir sa famille pendant des semaines.

Ses fils traînent des sacs jusqu'au tchoum. En quelques minutes, la nourriture fraîchement acquise des Russes est offerte. Les tables sont dressées, une fois encore recouvertes jusqu'aux quatre coins. L'une des plus jeunes filles de la famille, Solomyéda, habillée d'une robe de satin et de bottes en plastique, décroche une théière suspendue au-dessus du feu et y jette une poignée de feuilles de thé. Le froid nous plonge dans une agréable torpeur. Les phrases s'allongent. Le vent fait vibrer les pans de la tente et les brindilles chuintent dans le feu. Certains ferment les yeux. L'intimité s'installe.

Un hurlement brise la paix. Trois des frères bondissent hors de la tente et courent à grandes enjambées vers le fond de la vallée, fusil en main. Un ours s'est approché du troupeau de rennes. Des coups de feu le chassent. Il ne faut pas le tuer. L'ours est un animal sacré. Avant de s'échapper, il a eu le temps de lacérer un renne. Ce soir, il y aura du ragoût.

Solomyéda

L'ours éloigné, les filles m'invitent à revenir dans le tchoum. Elles reviennent à leurs travaux de couture comme si rien ne s'était passé. Tanya, l'une des sœurs Laptander et la plus douée des couseuses, me montre comment fabriquer du fil avec des tendons de renne séchés. On tresse trois filaments en s'aidant des dents. Tanya utilise ces fils pour coudre les peaux et en faire des manteaux et des cuissardes sur lesquelles elle brodera des perles et des bandes de tissus acidulés. La coquetterie n'a pas à être sacrifiée sur l'autel de la rigueur arctique. Dans la toundra, l'automne dure trois ou quatre semaines, puis c'est l'hiver. Le printemps fait une brève apparition en mai. Dans l'univers de la couture nenets, pas de demi-saison. C'est collection d'été ou collection d'hiver. La couture permet aux filles de la toundra de s'exprimer, de construire leur identité et de prouver leur ingéniosité. Il en est de même pour les femmes inuit qui travaillent avec des peaux de phoque et de caribou. Pour la Nenets, comme l'Inuit, l'amour-propre se nourrit de doigts habiles.

Je me sens maladroite et hésitante à côté de ces filles pleines de talents. Tout à l'heure, l'une d'elles m'a donné une hache pour couper du bois. Je suis revenue les mains en sang, quelques branches sous les bras. Je n'arrivais pas à viser. La lame dérapait. J'aurais pu me tailler la jambe. Je dois faire attention. Le médecin le plus proche est à deux jours de *vezdyékhod.*

Les heures passent. Les torrents filent. Les unes vers le soir, les autres vers l'Ob. Les Nenets sont taiseux. Ils ne connaissent pas la course contre la montre des villes mais agissent pourtant avec la même angoisse du manque de temps. La toundra ne permet ni l'erreur ni la lenteur. Le système de vie des nomades est fondé sur la répartition des tâches. Le dévouement de chacun est la clé de voûte du bien-être du groupe. Ici, le moteur d'action est la survie – pas la recherche de bonheur personnel qui obsède tant nos sociétés occidentales. L'attention qu'on porte à soi trouve sa limite dans ses obligations à l'égard du clan. Comme chez les Inuits de l'Arctique canadien, le groupe prime sur l'individu. Chacun fait partie d'un tout. La communauté est source d'identité et d'équilibre entre les hommes, les femmes, les enfants et les bêtes.

Sous le tchoum, je demande à Tanya pourquoi elle ne sait ni lire ni écrire.

« Mon père y était opposé, me répond-elle. Il répétait : “Je vais perdre mes enfants” lorsque nous lui demandions d'aller à l'école. Maintenant, nous avons honte devant les Russes. Parfois, la ville me tente. Là-bas, c'est plus intéressant et on n'a pas besoin de se déplacer sans cesse... »

Tanya vient gonfler les rangs des nomades qui rêveraient de poser leur sac. Elle souhaiterait arrêter de parcourir la toundra, remplir et vider des besaces, hisser et enrouler le tchoum. Pour donner aux rennes des pâtures fraîches, les Nenets transhument habituellement tous les deux ou trois jours l'été et toutes les deux ou trois semaines l'hiver. Si le nomadisme est garant de liberté, il peut être difficile à assumer. Se reposer, c'est mettre en péril les rennes – clé de la survie et raison d'être des nomades nenets. Tanya m'a avoué plus tôt que, si le choix se présente, les éleveurs préfèrent mettre en péril l'un des membres de leur famille en ne l'emmenant pas à l'hôpital que de sacrifier une partie du troupeau. La vie des rennes vaut plus que celle d'un proche. Implacable quotidien de la toundra.

Tanya est bavarde.

« Pour habiter en ville, il faut de l'argent. Moi, ma place est ici, avec ma famille. Je n'ai pas envie de me marier. Les hommes ne m'intéressent pas. Ils boivent trop », chuchote-t-elle en souriant.

Elle reprend son travail et je continue de fabriquer des fils avec des tendons de renne. Sa jeune sœur Solomyéda s'était fait oublier.

« Moi, je voudrais pouvoir lire la Bible. »

La Bible ? Comment ? Solomyéda vit au bout de la terre, ne sait rien du reste du monde mais elle a soif du Christ ! Elle me tend un livre sur la vie de Jésus retranscrit en nenets phonétique. Lorsque je commence à le lire à haute voix, ses yeux brillent de bonheur. Je m'arrête pour reprendre mon souffle. L'air est rare sous la tente.

« Jésus nous aide, dit Solomyéda. Depuis que j'ai la foi, je parle mieux le russe. Que Jésus soit béni.

— Qui t'a donné ce livre ?

— Des étrangers et un pasteur sont venus plusieurs fois avec des cadeaux. »

Elle entonne un pathétique « Alléluia » les mains jointes. De chaudes larmes coulent sur ses joues. Mais sa pratique du christianisme est limitée à ces quelques manifestations de piété du charbonnier. Elle a découvert l'existence de Dieu récemment et sa conception de la religion chrétienne est assez sommaire.

« Nous ne fêtons pas Noël, mais je sais que les gens se rassemblent ce jour-là et chantent. »

Elle est heureuse d'apprendre que le 25 décembre est la date du jour de la naissance du Christ. Le pasteur prosélyte qui répand la Parole jusque dans ces confins doit être animé d'une foi extrême. Je creuserai le sujet du pasteur plus tard.

Notre discussion est interrompue par les frères qui rentrent se réchauffer sous la tente. Ils boivent le thé en le versant dans la sous-tasse pour le refroidir et l'aspirent. Les garçons sont intrigués par les livres que j'ai apportés. L'un des ouvrages est consacré aux Inuits du Canada. Ils le regardent avec avidité et se le passent comme un trophée. Nous examinons ensemble les photos de leurs cousins éloignés d'outre-pôle. Les habitants du Nunavut ont le même visage lunaire, les mêmes pommettes hautes, les mêmes yeux bridés et la même peau cuivrée.

Même s'ils ont parfois des visites de Russes, ils n'ont jamais vu d'atlas ou de photos du reste du monde. J'espère être à la hauteur de la tâche. « Voici le Canada, l'Alaska, le Groenland. » Je leur parle des Inuits qui vivent eux aussi dans l'Arctique. Je leur montre des photos de chasseurs en peaux de phoques. Voir d'autres nomades les trouble. Habituellement pas très bavards, ils m'assaillent de questions : « Comment vivent-ils ? Ont-ils aussi des rennes ? » Je propose de leur montrer d'autres livres dans le vezdyékhod. Nous nous y asseyons autour d'une petite table. Je déplie un planisphère centré sur le pôle Nord. Ébahissement de l'assistance. La carte correspond à la représentation nenets du monde, avec l'Arctique pour centre. Mon doigt court sur la carte : Vorkouta, la mer de Kara, la péninsule de Yamal. J'égrène les noms. Ils acquiescent, satisfaits. Lorsque mon doigt sort de Russie et pointe sur l'Inde, je perds leur attention. Pour la rattraper, je leur indique où vivent les Coréens et les Chinois qui achètent les bois de leurs rennes.

« C'est eux qui pensent que c'est un remède pour faire grandir le sexe des hommes. »

Ils ricanent. Je continue de les promener sur la carte. Chaque fois qu'ils entendent le nom d'un nouveau pays, comme la France ou les États-Unis, ils le répètent pour s'en souvenir. J'entends des *Kitaï*, *Kitaï* (Chine), *Frantsia* (France). Je leur explique que les Inuits de plusieurs pays se réunissent régulièrement[1] et certains projettent même de se rassembler en une supra-nation. Cette nouvelle entité géopolitique solidifierait la culture inuit face aux influences du sud.

Mais je sens que mes digressions sur les revendications territoriales des Inuits sont trop abstraites pour ces jeunes éleveurs. N'ayant pas fréquenté l'école, ils ne savent pas ce qu'est un pays. Qu'ont-ils à faire de ce fatras de concepts obscurs, alors que leur seule préoccupation est le bien-être de leurs rennes et de leur famille ? Les idées ne nourrissent pas les ventres affamés.

Je leur demande gentiment d'oublier ce que je viens de leur expliquer. Prokopyé, vingt-quatre ans, a poussé quelques soupirs pendant que l'on regardait les cartes. En descendant du vezdyékhod, il me dit : « J'aurais tant aimé aller à l'école ! Maintenant il est trop tard. Je sais juste lire les billets de banque et compter.

— As-tu une petite amie ? »

Il réfléchit un bon moment avant de me répondre.

« Non. J'aimerais me trouver une femme, mais je veux la choisir moi-même. Je ne veux pas que mes parents s'en mêlent. »

Selon la coutume, le père désigne une épouse pour

1. Les Inuits ont créé la Conférence circumpolaire inuit (CCI ou ICC pour *Inuit Circumpolar Conference*) en 1977 dans le but d'unir leurs forces, de promouvoir leurs droits et intérêts à l'échelle internationale et d'assurer la protection de l'Arctique. Cette organisation non gouvernementale a un statut consultatif aux Nations unies. Elle représente environ 125 000 Inuits du Canada, d'Alaska, du Groenland et de la Chukotka en Russie, et tient une assemblée générale tous les quatre ans.

son fils et négocie le mariage. En ce moment, le cours de la Nenets s'élève à peu près à cinquante rennes. Si au bout d'un an le mari constate que sa femme est paresseuse ou stérile, il peut la retourner à son beau-père et demander le remboursement. La femme n'est pas appréciée pour son intelligence ou sa beauté mais pour sa capacité à enfanter, travailler et élever une famille. La définition de l'amour chez les Nenets.

Le lendemain, petit déjeuner en tête à tête avec Pyotr. Le père de famille a gardé les rennes toute la nuit. Les hommes se relaient pour veiller sur le troupeau. L'un de ses fils est venu le remplacer. Les rennes doivent sans cesse circuler pour trouver du lichen. Le nomadisme est une course permanente derrière la pâture. Les rennes marchent vers les pousses fraîches, les hommes derrière leurs cervidés.

Fatigué, Pyotr me demande en se frottant les yeux : « Est-ce que ton père a des animaux, une ferme, des vaches ?

— Non.

— Es-tu mariée ?

— Non plus.

— Parlons moins fort. Il ne faut pas qu'on nous entende ! »

Dans cette famille, il faut toujours chuchoter lorsqu'il s'agit d'affaires personnelles. Je tente une autre question.

« Et toi, es-tu satisfait de la vie que tu mènes ?

— Je ne sais pas. Nous avons assez à manger et tout ce dont nous avons besoin. Je n'y pense pas.

— Aurais-tu aimé goûter à la ville ?

— Ah, non ! Ça jamais ! *Otchine otlichnaya dyela*

toundra (la toundra est une chose merveilleuse). Elle me retient. La toundra est plus joyeuse que la ville. L'air y est pur, le poisson frais. Il y a moins de maladies qu'en ville. Nous pouvons bouger autant que nous le voulons, aller aussi loin que nous le désirons. *Vot eto nacha zhizn* (voilà, c'est notre vie).

— Pourquoi n'as-tu pas envoyé tes enfants à l'école ?

— Ce n'est pas dans notre nature. Pendant la guerre (la Seconde Guerre mondiale), les Russes nous ont volé nos rennes et emprisonné sans raison des membres de ma famille. Si je laisse mes enfants aller à l'école, ils ne reviendront jamais.

— Mais les choses se sont améliorées depuis que les communistes ne sont plus au pouvoir, non ?

— En fait, je n'ai pas vraiment vu de changement. »

Pyotr a une vision nébuleuse de l'évolution du pays et ce qui se passe dans les villes du sud ne le concerne pas. Les Soviétiques venaient autrefois en hélicoptère lui acheter de la viande et du poisson. Ils faisaient du troc. Maintenant, il doit se rendre lui-même dans les villes pour vendre sa viande et ses peaux.

« Lorsque les communistes étaient là, tout était mieux organisé, dit Pyotr.

— Voudriez-vous avoir votre propre pays, un jour ?

— Pour quoi faire ? C'est déjà notre terre. Ma mère, ma grand-mère ont toujours vécu ici. »

Le monde nenets est un jardin ouvert. La notion occidentale de propriété ne fait pas partie du système de valeurs nomades. Les Inuits canadiens qui ont créé le Nunavut et le Nunavik ont importé d'Europe le concept de propriété. Avant que les Anglais, les Français et les Danois ne leur prennent leurs terres, les Inuits ne ressentaient pas le besoin de la posséder. Le Grand Nord a toujours été assez vaste.

Pendant les purges des années 1930, les Rouges réquisitionnèrent les rennes et entreprirent des collectivisations. Chefs de clans et chamans furent emprisonnés. En réaction germèrent des mouvements de rébellion, les *Mandalada*[1]. Les Nenets organisèrent des sabotages et des insurrections. Ils furent vite réprimés par les Soviétiques et la neige des hautes latitudes se teinta du sang de la révolte. En 1943, le parti communiste nomma ces poussées de résistance « soulèvement armé des koulaks et chamans contre les autorités soviétiques[2] » et des centaines de Nenets prirent le chemin du Goulag.

Nous repartons dans le vezdyékhod vers la croisée de deux axes mythiques au bord des rivages de la mer de Kara, derniers arpents de terre ferme avant la banquise. C'est ici que la vieille chaîne de l'Oural, frontière entre l'Asie et l'Europe, termine sa course. Le profil des sommets s'effondre dans la plaine. Le dernier sursaut du relief s'appelle Konstantinov Kamen, la pierre de Constantin. Les Nenets ont perçu

1. Andreï V. Golovev et Gail Osherenko, *Siberian Survival, the Nenets and their Story*, Ithaca et Londres, Cornell University Press, 1999, p. 85.

2. V.P. Petrova et G.P. Khariouchi, *Nyentsy v Istorii Yamalo-Nenyetskovo Avtonomnovo Okruga* (Les Nenets dans l'histoire du district autonome Yamal Nenets), Tomsk, publications de l'université de Tomsk, 1999, p. 106-107.

le caractère divin de cet endroit. Ils viennent y sacrifier des rennes pour apaiser les esprits.

Grim, grim. Deux tchoums au loin. À notre arrivée, les Nenets nous regardent avec appréhension. Je tente de leur parler. Je ne saisis pas tout ce qu'ils me disent. L'un d'eux me lance : « Si tu ne comprends pas, tais-toi. »

Soudain, je me sens idiote. La volubilité de la première famille était peut-être un coup de chance. Pendant que nous discutons, Tolik fait du business avec les Nenets. Il leur demande de se mettre au travail. Ils amasseront vingt-quatre kilos de bois de renne en trois heures. Le troc habituel, bois contre nourriture, est conclu. Je reste à l'écart. Me voyant tournoyer comme une hirondelle en attendant le départ, Tolik tente de me rassurer en me disant que nous serons mieux reçus ce soir.

« On va chez Mama Zoya. Tu verras, c'est la meilleure ! »

Nous repartons sous des nuages de plus en plus écrasants. Le ciel est celui d'une après-midi pluvieuse, pourtant il est 2 heures du matin.

Nous arrivons au pied du tchoum de Mama Zoya, la chef du clan, au milieu de la nuit. Mama Zoya, des airs de gentille sorcière et des joues creusées par la gouge du temps, nous salue avec enthousiasme. Nous pénétrons sa tente et nous asseyons auprès de ses deux fils, Yakov et Yegor. Les femmes dressent la table, les enfants dorment. Du renne mijote dans un chaudron. Tolik sert la vodka. Je raconte l'histoire de l'ours. Ce soir, la langue de renne est aussi délicieuse que du foie gras. La faim et la vodka aident à tout faire passer.

Pour la première fois, j'accepte de dormir dans le tchoum. J'ai passé toutes mes nuits dans le vezdyékhod jusqu'ici. Je n'osais pas m'imposer. Au moment du coucher, l'espace ouvert sous la tente se divise en petits compartiments séparés par des draps de coton bariolés. Chacun fait son nid. J'aurais dû accepter plus tôt de dormir dans le tchoum. Les peaux de renne sont douillettes. Le crépitement du feu me berce. Volupté inattendue.

Au matin, une petite fille au visage d'ange vient me réveiller. Elle me raconte des histoires en nenets. Je me sens privilégiée de les écouter, même si je ne les comprends pas. Mama Zoya nous rejoint, les bras chargés de brindilles. Au petit déjeuner, encore du renne bouilli.

Sous les Soviétiques, Mama Zoya a vécu trois ans dans un pensionnat russe mais n'y a envoyé aucun de ses fils. L'aîné, Yakov, raconte : « Je me suis caché lorsque l'hélicoptère venait nous chercher pour nous amener à l'école. »

Mama Zoya avait peur d'eux, comme Pyotr Laptander, le patriarche de la première famille chez laquelle nous nous sommes arrêtés. Elle m'avoue qu'elle a reçu plusieurs fois la visite d'hommes d'Église.

« Et je crois en Dieu ! » ajoute-t-elle.

Mais elle ne veut m'expliquer ni quand ni comment elle s'est convertie.

« Reste-t-il encore des chamans dans la région ?

— Personnellement, je n'en ai jamais vu, me

répond-elle. On dit qu'il y en a dans la péninsule du Yamal. »

Tolik annonce qu'il faut rentrer à Vorkouta. Pour lui, l'incursion a assez duré. À peine effleurée, il faut déjà quitter la toundra. Mama Zoya extrait une peau de renne grise et blanche d'un tas de guenilles sur un traîneau.

« Elle te gardera au chaud », dit-elle.

Quelle tristesse de regagner le sud quand on a mis tant de temps à atteindre le nord ! J'aimerais que nous roulions plus lentement. Je pense à sauter et rebrousser chemin à pied. Au soir venu, mon cafard décuple lorsque j'aperçois les toiles d'araignées des pylônes à l'horizon. Des pipelines se décomposent sur le bord de la route. Des ruines de baraquements attendent la chute finale.

Vladimir et Vladimir

Youri m'a trouvé un appartement à Vorkouta. Gentleman, il a senti que je ne voulais pas rester dans sa garçonnière. Le confort est spartiate. Je me lave avec des casseroles d'eau chauffée sur le poêle. Je me couche sur un lit trop mou, enveloppée dans la peau de renne de Mama Zoya, imaginant ainsi que je n'ai jamais quitté la toundra. Une seule envie : repartir.

Le lendemain, Vladimir, un ami de Youri, frappe à ma porte pour m'emmener dîner au restaurant. Nous nous sommes rencontrés lors de ma première visite en 2001. Grand homme à lunettes, Vladimir est docteur en sociologie. Mais comme bien des gens de ce pays, il gagne sa vie en faisant autre chose que ce qu'il connaît le mieux. Il dirige les travaux de réparations des routes de Vorkouta, un travail harassant. Le permafrost n'aime pas le bitume. Vladimir souhaite me présenter un ami qui s'appelle aussi Vladimir – comme tous les Russes qui ne se nomment pas Sergueï.

Nous nous asseyons dans un restaurant kitsch. Vladimir numéro deux est intrigant. Épais comme la canne à pêche qu'il tient pour l'objet le plus utile de la création, il répand dans son sillage une odeur de fauve. Il flotte dans sa combinaison camouflée. Il a le visage sec, des petits yeux intelligents, les cheveux coupés court, la peau mate et la quarantaine bien passée. Nous nous attablons. J'écoute son récit.

Vladimir est *afghanets*, ancien d'Afghanistan. Au cours de combats contre les moudjahidin du « royaume de l'insolence », il a été touché par des obus et a perdu un peu la raison. À son retour, il a travaillé comme biologiste à Vorkouta sans jamais gagner assez pour préserver sa dignité. Sur le plan personnel, il a titubé d'histoires compliquées en histoires trop simples. Un jour, il a tout balancé par la fenêtre – son passé et ses espérances – pour vivre dans la toundra, seul avec son chat Vassia. Il a construit une cabane et s'y est retiré, il y a douze ans. Il se nourrit de vodka et du produit de sa chasse. Son félin – petite boule de poils soumise – habite dans son sac à dos. Son regard dégage beaucoup d'énergie. Je bois de la vodka avec les deux Vladimir. Shots sur shots. Je propose à Vladimir, le sociologue poseur de routes, de l'appeler Volodya (diminutif de Vladimir), pour le distinguer de Vladimir, le chasseur des plaines.

« J'aimerais retourner dans la toundra, dis-je entre deux verres.

— Nous partons demain, propose aussitôt Vladimir le trappeur. Prends une tente, des habits chauds et de quoi manger. »

Merveilleux pays où l'on ne se soucie guère de l'organisation des choses, considérant que seul importe le but. « L'intendance suivra »... Il sait où trouver des nomades non loin de Vorkouta et m'emmènera à leur rencontre. Le projet séduit Volodya, qui décide de nous accompagner. Notre plan est d'évoluer par voie fluviale vers le nord-est, puis de continuer à pied vers les monts Oural.

Au petit matin, nous fonçons plein gaz sur la Malaïa Oussa à bord du canot à moteur de Volodya. J'ai les os congelés. Le bout de mon nez et celui de mes oreilles ont cessé d'exister. Même la bière Baltika nº 9, au taux d'alcool élevé, ne me réchauffe pas. Nous filons entre les falaises grises. L'air est métallique. Des sternes virevoltent dans le ciel.

Nous faisons une halte dans une caverne pour nous réchauffer. Le chat Vassia inspecte le territoire tel un chien de garde. Il renifle tout, la queue droite comme une antenne. Nous faisons un feu entre deux grosses pierres et préparons du thé. Les deux Russes entonnent des chansons de guerre en se frottant les mains au-dessus des braises.

Nous ne nous enracinons pas dans ce havre improvisé et repartons sur la rivière. La nuit approche. Il faut aller pêcher notre dîner au fond de l'eau. Vladimir a du succès. Il attrape deux poissons en un quart d'heure et nous invite à les déguster crus sur un rocher avec du sel et du poivre. Succulents sashimis ! À peine avons-nous fini que Vladimir nous montre du doigt des nuages menaçants.

« Dans moins d'une heure, c'est la tempête. Il faut vite se mettre à l'abri. »

Nous replions tout et redémarrons le canot à moteur afin de monter la tente un peu plus loin, dans un endroit protégé du vent. Je me couche à la demi-nuit boréale, enveloppée comme un oignon de ces hardes que j'ai pu trouver. Impossible de trouver le sommeil. Mes membres grelottent sans cesse. Vladimir, l'homme des plaines, dort dehors, accoté à un rocher, sans autre couverture que son manteau. Il est aussi mystérieux que son chat.

Au réveil, nous cachons le canot et nos affaires dans les fourrés avant de reprendre la route à pied en direction de l'Oural dans une clarté dont je ne sais plus si elle appartient au jour qui se lève ou à celui qui se meurt.

Marcher dans la toundra. Enjamber sans répit des buissons maigrelets. Garder son équilibre sur la terre spongieuse. Traverser des marécages noirs comme un mauvais sang. S'enfoncer, s'extraire, continuer et finalement, au bout de quelques heures, adopter la danse et se laisser absorber par la cadence. Pour guéer les cours d'eau, je m'accroche tel un koala sur le dos de Volodya. Deux flocons blancs dans le lointain annoncent des tchoums. Nous nous approchons du but après huit heures de marche forcée. Nous accélérons le pas.

Vladimir avance vers un Nenets plié en deux, occupé à nettoyer des peaux de renne. Il nous invite à nous reposer dans sa tente. L'intérieur est piètrement tenu. Notre hôte s'appelle Andreï. Il a soixante et un ans et le visage bouffi par l'alcool. Il sent la vodka du pauvre, celle qui empeste dans la cour des miracles des halls de gare russes.

Andreï vit avec ses petits-enfants : Tima, six ans, et Marina, huit ans. Les Nenets ont souvent des noms russes, résultat des collectivisations forcées et du passage à l'internat. Ils portent aussi un prénom nenets en plus de leur prénom russe, mais souhaitent rarement le révéler aux étrangers.

Marina fait du thé. Pas d'autre choix pour elle que de conduire la vie du foyer depuis que son père a été tué dans des circonstances obscures. Le frère du défunt a épousé la mère des petits pour prendre la relève. Le couple va régulièrement à Vorkouta pour vendre des champignons et des pantoufles en peau de renne.

« Où est le troupeau ?

— Nous avions beaucoup de rennes. Nous nous en sommes débarrassés », me répond le père de famille.

L'alcool a décimé des familles entières. Certains Nenets ont vendu toutes leurs bêtes pour boire. L'alcool est un couteau qui tranche le cordon à la toundra. La détresse d'Andreï souligne combien le Nenets n'est rien sans le renne. L'animal est le garant de sa survie, de son âme, de sa culture. Son départ annonce la mort.

Andreï reçoit des vivres de Nikolaï, un pasteur de Vorkouta, qui est en train de le convertir au christianisme. Il me donne quelques renseignements sur ce pasteur dont je souhaite faire la connaissance une fois revenue en ville.

Je donne tous mes chocolats aux enfants avant de repartir à pied dans la toundra écrasée de lumière. Je suis un panneau solaire. Les rayons me donnent de l'énergie. Nous foulons une trentaine de kilomètres. Mon être se réduit à mes jambes. Je les laisse aller. Le ciel est si bas qu'il m'enturbanne la tête. Je suis un aigle. Mon regard porte très loin. Lentement, d'autres horizons s'ouvrent à moi. Le sifflement des rapaces empêche le silence d'envahir les vallées. Le vent me transperce le ventre et me vide la tête. Je ne pense plus à rien. Je marche. Soudain, tel un chaman, je me transforme encore. Je suis comme l'une de ces fleurs blanches en étoile sur le sol. J'accepte ma minuscule condition dans l'univers. Songe d'humilité d'un jour d'été. La toundra est un lieu sacré. Elle ne montre son plus beau visage qu'au marcheur déterminé. S'il croit en elle, elle viendra à lui. S'il la redoute, elle le dévorera. Les prisonniers du Goulag le savaient. La toundra ne pardonne pas l'inattention. Il faut garder le cap et la quille droite sous peine de chavirer.

Brusquement, Vladimir s'arrête devant un tas de fèces.

« *Vot, dyadya Mishka s nami !* Ah, l'oncle Misha est avec nous ! Nous ne voyons pas l'ours, mais lui, nous surveille. Attention ! »

Une heure du matin. Le soleil fait une courte visite à l'autre hémisphère. Nous poursuivons notre course en écoutant chaque bruit sous la lune. Le ciel se change et remet sa robe moirée. À la seizième heure de marche, nous arrivons à notre camp au bord de la Malaïa Oussa. Pour une fois, Vladimir n'est pas ivre de vodka mais de fatigue. Silence. Repos. Temps mort. Le cœur bat au ralenti. Nous nous endormons dans l'herbe comme des évadés.

Après quelques heures de sommeil, le chat retrouve sa place dans le sac à dos et nous, le chemin qui conduit vers les hommes des villes. La virée s'achève ici. Le temps remet ses menottes. Notre tête va se remplir à nouveau d'informations inutiles.

En roulant vers Vorkouta, nous manquons d'écraser un jeune renne égaré. Il s'esquive et nous fixe. L'animal reste planté sur le bas-côté.

« Il faut le tuer ! Il va se faire massacrer pour sa fourrure, dit Vladimir en chargeant sa carabine.

— Et s'il s'en sortait ? Laisse-lui une chance, supplié-je.

— Tu n'as aucune pitié pour les animaux ! » rétorque Vladimir.

Logique. Le renne bondit et disparaît derrière une conduite d'eau qui serpente le long de la route. Il est sauvé. Sans le savoir, il vient de gagner le droit de continuer à vivre. Je le vois galoper au loin. Peut-être a-t-il déjà retrouvé à l'odeur les traces de sa famille. Moi aussi, je cherche quelqu'un. Je souhaite trouver ce fameux pasteur qui se promène de tchoum en tchoum pour prêcher la bonne parole. J'aimerais savoir comment il a réussi à gagner tant de suivants.

Le pasteur et l'institutrice

Après deux jours d'enquête, je déniche son nom et son adresse. Le pasteur en question s'appelle Nikolaï Gancherov. Il habite dans un chalet élégant en rondins de bois, fraîchement construit. Aux alentours, des isbas croulantes. Quelques chiens claudiquent vers Volodya et moi. Ils grognent, aboient et nous menacent. Ils ne semblent pas beaucoup apprécier les visites. Je sonne à la porte. Sur le mur, une plaque dorée : Église évangélique baptiste de Russie. Les baptistes ! Pour ces réformistes, seul le baptême consenti par l'adulte est acceptable. Seule la vie calquée sur les préceptes bibliques est envisageable. Seuls les Testaments font office de règle d'existence.

Grand sourire, les yeux mi-clos, le pasteur m'accueille avec bonhomie. Il a le teint plus sain que la plupart des Russes que je croise. Il nous invite à nous asseoir sur un banc dans la salle de congrégation de sa grande maison. Je partage avec lui mon admiration pour les Nenets.

« Pourquoi les convertir ? Qu'est-ce que ça peut leur apporter ?

Sa réponse est sans équivoque : « Lorsque tous les petits peuples du nord auront entendu la Bible, alors Jésus-Christ reviendra sur terre. C'est écrit, Matthieu 24. »

Je lui demande de répéter. Il continue : « Il y a deux endroits où les habitants ne connaissent pas Jésus : au bord de l'Amazone et dans le nord de la Russie. »

Selon lui, la foi délivrera ce peuple que j'ai pourtant trouvé parfaitement libre. Le pasteur est persuadé qu'avant lui, les Nenets vivaient comme des sauvages dans le vice et la saleté. Grâce à lui, ils ont mis de l'ordre dans leur quotidien.

« Nous continuons le travail des apôtres, me dit-il. Je leur ai montré qu'ils pouvaient avoir une nouvelle vie, à condition d'observer les commandements de la Bible.

— Pourquoi leur interdire de boire du sang de renne et de manger de la viande crue comme ils le font toujours ? Ce sont des vitamines précieuses, surtout l'hiver.

— Relisez vos textes ! me répond-il. “Vous ne mangerez pas de viande contenant encore sa vie, c'est-à-dire son sang”, Genèse, 9, 4.

— Et les idoles que les Nenets vénèrent ?

— C'est le masque du diable. “Les sacrifices des Païens sont offerts à des démons et à ce qui n'est pas Dieu. Or je ne veux pas que vous ayez quoi que ce soit de commun avec les démons”, Première Lettre aux Corinthiens, 10, 20 », ânonne Gancherov.

Le pasteur encourage les Nenets à venir prier avec lui à Vorkouta. Il leur distribue des livres sur la vie de Jésus en idiome nenets. Comme ses homologues en robe noire du Groenland, il y a plusieurs siècles, il enseigne la lecture aux nomades pour qu'ils puissent lire la Bible. Circonvenir les âmes en modelant les esprits.

L'évangélisation est l'une des principales missions des baptistes. Ils sont des milliers à parcourir le monde. Certains sont financés par des groupes puissants implantés aux États-Unis. L'ancien président américain Jimmy Carter en faisait partie avant de rejeter leur rhétorique qu'il finit par trouver trop conservatrice.

Ce pasteur de Vorkouta remplit le vide spirituel créé par soixante-dix ans d'athéisme soviétique. Il a le champ libre. Les popes ne s'aventurent pas dans la toundra.

Gancherov parcourt l'Oural polaire depuis dix ans. Au début, il allait de famille en famille à pied, puis à moto-neige. Maintenant, il se déplace comme un Russe aisé, en vezdyékhod. Son véhicule coûte plus de trente mille dollars. Comment a-t-il pu financer un tel engin ?

« Nous faisons avec nos moyens, me dit-il.

— Mais comment faites-vous pour éveiller l'attention des Nenets ?

— Je leur parle d'Abraham, d'Isaac et Jacob, des bergers qui, eux aussi, gardaient des bêtes. Ils aimaient Dieu et Dieu les aimait. »

Veille technique missionnaire : au Groenland, certains pasteurs ont même déclaré à leurs nouvelles ouailles que les saints du désert ne conduisaient pas des brebis mais des phoques ! Remplacer les brebis par des rennes est plus crédible.

Depuis l'écroulement de l'Union soviétique, les Nenets sont de nouveau assaillis – cette fois, de façon plus pernicieuse. Ils avaient réussi à se faire oublier des Russes. Les voici à présent rattrapés par l'Évangile. J'ai du mal à croire que ces baptistes ne vont leur faire que du bien. Je suis naturellement suspicieuse à l'égard de toute religion qui cherche à s'imposer, ou pire, à en remplacer une autre. L'humanité a déjà tant subi avec les croisés, les djihadistes et autres fanatiques. Les hommes ne tirent jamais de leçons du sang coulé. Lorsque l'histoire se répète, « c'est la première fois comme tragédie, la seconde fois comme farce », avertissait Marx.

Il ne me reste plus que deux jours à Vorkouta avant de rentrer à Paris. Impossible de retourner dans la toundra. J'en ai le cœur triste. Je souhaite déjà repartir, plus loin et plus longtemps. Mais je ne sais pas encore comment je vais m'y prendre.

Volodya, le sociologue poseur de routes, propose de me faire rencontrer Nadezhda, la directrice de l'école pour Nenets située à une quinzaine de kilomètres de Vorkouta. Nous nous arrêtons devant un immeuble de briques rouges. Une balançoire attend le retour des élèves. Nous sommes en juillet, en pleines vacances d'été. Les enfants sont chez leurs parents dans la toundra. Le bâtiment n'est pas chauffé. Dans la salle de jeux, un mini-tchoum a été dressé. Sur les étagères, des troupeaux de rennes en pâte à modeler et des poupées nenets en tissu. Aux murs, des dessins de troupeaux de rennes et d'éleveurs aux bras ouverts vers le soleil. Nadezhda me reçoit avec courtoisie, ravie qu'une étrangère s'intéresse aux sort des nomades et à son travail. Elle répond spontanément à toutes mes questions. Je lui parle du pasteur.

« Je me heurte souvent à lui, dit-elle. Il est en train de détruire la culture des éleveurs de rennes. Mais certains le suivent aveuglément. »

En tant que communiste, elle s'attarde peu sur la dimension spirituelle des œuvres de l'homme de foi. Elle est convaincue qu'il achète les Nenets.

Selon Nadezhda, l'éducation crée le meilleur barrage contre les baptistes. Elle souhaiterait voir les Nenets résister plus efficacement à l'influence de ces pourvoyeurs de nouvelles croyances. Chaque année, en septembre, elle part à la chasse aux élèves en hélicoptère. Pendant quatre jours, elle survole les plaines. Tel le jars d'Andersen, elle ramasse les enfants repérés depuis le ciel.

« Je fonctionne à l'instinct. Souvent, je n'ai qu'une vague idée de l'endroit où ils sont. »

Les parents qui désirent envoyer leurs enfants à l'école préparent leur sac bien en avance pour qu'ils puissent s'envoler à tout moment. Pendant des heures, ils fixent le ciel pour ne pas rater le passage de cet autobus scolaire volant[1]. Nadezhda admet qu'il y a parfois plus d'écoliers que de places dans l'hélicoptère. Certains parents sont obligés de les amener eux-mêmes en traîneau, un voyage qui dure plusieurs jours.

1. La Canadienne en moi pense à un *flying yellow school bus.*

« Tout le monde s'arrange comme il peut. Chaque année, notre école accepte à peu près une cinquantaine d'élèves. Nombreux sont ceux qui ne restent que quelques années, juste assez longtemps pour apprendre à lire, écrire et compter, mais pas assez pour oublier d'où ils viennent. Je n'ai encore jamais vu un enfant qui voulait rester vivre à Vorkouta. »

Nombreux sont ceux qui arrivent dans son établissement avec seulement cinq ou dix mots de russe à leur actif. Ils apprennent aussi le nenets afin de devenir complètement bilingues. Nadezhda trouve que les enfants nenets dessinent bien, qu'ils sont doués pour les travaux manuels mais parfois faibles en mathématiques. Depuis l'ouverture de son école en 1996, aucun élève ne s'est inscrit à l'université.

« Ils sont assez calmes, introvertis et pas très bavards », dit-elle.

Des professeurs itinérants offriraient une solution contre l'illettrisme dans la toundra. Mais où trouver des volontaires ? Les Nenets éduqués se sont enracinés dans les villages. Impossible de trouver une ou un Russe prêt à s'adapter à la vie nomade.

« Quand on n'est pas de la toundra, on ne peut pas y vivre longtemps », dit Nadezhda.

Elle a mis quatre ans pour trouver un professeur de langue nenets. Les livres en nenets sont tout aussi rares. On n'en publie que quelques-uns tous les ans, avec des tirages insignifiants. Éduquer les enfants nomades relève d'une volonté de fer mais Nadezhda n'a pas l'intention d'abdiquer, même si elle doit se battre chaque année pour obtenir des financements pour l'école et les rotations en hélicoptère.

Elle sait bien que les Nenets se tiennent au bas de l'échelle des priorités des autorités qui ont déjà beaucoup de mal à pallier la précarité de millions de Russes. Le rêve né sous Lénine de cohabitation entre toutes les ethnies sous le toit de l'Union soviétique est bien loin.

« De façon générale, on se moque des Nenets, ici. On les regarde comme des curiosités. »

Mais l'inefficacité administrative russe a sans doute été une chance pour eux. Car si le gouvernement s'y était intéressé de trop près et les avait subventionnés avec largesse, l'effritement des traditions se serait accéléré, comme ce fut le cas pour les Inuits canadiens, dont la culture a été quasi détruite en quelques décennies par la détermination d'Ottawa à en faire de bons citoyens.

Le retour du Goulag

Je ne peux pas quitter Vorkouta sans rencontrer le maire de la ville, Igor Shpektor. Youri tient beaucoup à ce que je fasse la connaissance de son patron. L'assistante du maire me fait attendre une heure devant sa porte. Je vois passer des secrétaires surexcitées et des hommes d'affaires découragés. Enfin, on m'accorde audience. Je découvre un homme à la peau terne, aux yeux fatigués, trônant dans un bureau grand comme une salle de bal, bardé de drapeaux soviétiques et de titres honorifiques.

« Bon, qu'est-ce que tu veux ? me lance-t-il. Je n'ai pas beaucoup de temps. Je pars en vacances.

— Je fais des recherches sur les Nenets.

— Ah bon, ils intéressent les gens, tu crois ?

— J'ai rencontré Nadezhda aujourd'hui, elle est formidable.

— M'en parle pas. Elle me coûte cher, me dit-il. Il faut laisser les petits Nenets là où ils sont. On les traumatise en les arrachant à leurs parents, on leur donne de la nourriture à laquelle ils ne sont pas habitués. Pour quoi faire ? Un mois leur suffirait très bien pour apprendre un peu à lire et à écrire. Ils n'ont pas besoin de plus pour élever des rennes. On leur enseigne même le piano, tu imagines ! On ferait mieux de dépenser notre argent pour les enfants russes. »

En voilà un qui ne m'aidera pas si je reviens... Le maire m'avoue que les habitants de Vorkouta apprécient beaucoup les fêtes organisées pour les nomades depuis l'ère soviétique. Chaque année, en novembre, les Nenets prennent part à une course de traîneaux sur l'avenue principale de la ville. Ils s'entraînent intensivement pendant les semaines qui précèdent. L'événement attire des centaines de spectateurs.

À Vorkouta se tient aussi le concours annuel du plus beau manteau de peau de renne. L'année dernière, c'est Tanya Laptander, la fille de Pyotr que j'ai rencontrée dans la toundra, qui l'a remporté. Les Nenets profitent de ces fêtes pour rendre visite à leurs enfants au pensionnat et vendre leur viande de renne en échange de provisions pour l'hiver. Ces sont les seuls moments de l'année où ils rappellent aux Russes qu'ils existent.

Le maire cherche à redonner à Vorkouta une raison d'être. Il sait que sa ville est en chute libre depuis la fermeture des mines. Il faut trouver un nouveau moteur économique.

« Laisse tomber les Nenets ! Il y a de meilleures idées !

— Par exemple ?

— Mon Goulag ! Je veux reconstituer un camp de prisonniers à l'identique. Tout le monde veut savoir comment c'était et l'Histoire demande qu'on s'en souvienne. Une étude est en cours pour déterminer le coût d'un tel projet. L'immersion serait totale. On enfermerait les touristes dans des baraquements, comme de vrais *zeks*. Ils dormiraient sur des planches. Il y aurait des chiens policiers et de la merde à manger. »

Il me regarde, fébrile, convaincu que les touristes sont prêts à payer pour vivre ce genre d'expérience.

« On tirerait à blanc sur ceux qui tenteraient de s'échapper. S'ils y arrivaient, on leur offrirait la nuitée. C'est génial, non ? »

Tant de prisonniers ont péri sous de vraies balles. Pourquoi rouvrir les plaies du passé ? Quelle grimace du destin que de reconstruire un Goulag pour sauver les vies qui restent. Ainsi, Vorkouta, pour survivre, serait contrainte de parodier son activité première. Imaginerait-on les autorités allemandes proposer aux visiteurs d'Auschwitz de les incarcérer une nuit dans les murs du cauchemar ? Je quitte le maire, révoltée par son projet. J'ai à nouveau vu dans ce bureau l'une des facettes les plus viles de la nouvelle économie russe. L'argent honni sous les Rouges est devenu la nouvelle idole. Aujourd'hui, la faim justifie les moyens.

Triste point d'orgue. Je quitte cet endroit pour mieux y revenir. J'emporte avec moi l'énergie de toutes ces rencontres. Elles alimentent déjà ma conversation intérieure sibérienne. Chacune me nourrit, de façon différente. En s'ouvrant aux autres, on plonge parfois au fond de soi-même. De nouvelles facettes montent à la surface de l'être, scintillement dont on n'imaginait même pas la portée.

J'ai été conquise par la toundra, subjuguée par sa force, son austérité et sa sévérité. Nous avons tant de choses à nous dire encore que je ne puis en rester là. Mes barrages ont sauté – ces peurs qui me dominaient. Maintenant, je peux laisser l'eau s'écouler et me porter jusqu'au bord du monde, jusqu'à mon Nord aimé.

Le mode de vie nenets symbolise la liberté absolue. Vorkouta, elle, a servi de décor à l'une des plus formidables entreprises d'asservissement de l'homme. Pour enfermer des centaines de milliers d'êtres entre des barbelés, les Soviétiques ont choisi une terre où les frontières n'existaient pas. Ils ont planté une graine de perversion là où régnait la paix entre les hommes et les bêtes.

Que Vorkouta s'écroule, que la toundra l'ensevelisse et que les vents dominent de nouveau les plaines.

2006

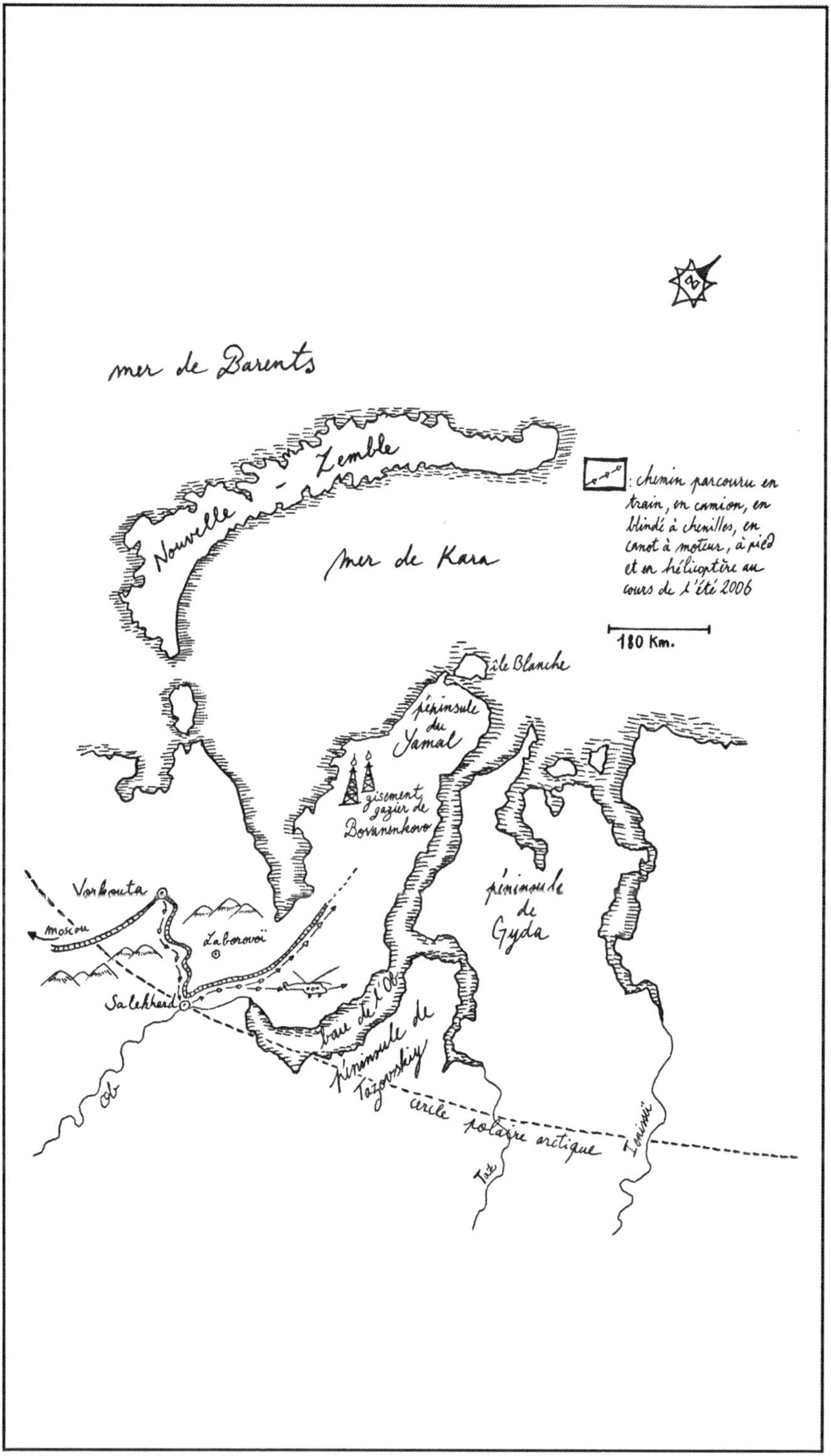
mer de Barents
Nouvelle - Zemble
mer de Kara
: chemin parcouru en train, en camion, en blindé à chenilles, en canot à moteur, à pied et en hélicoptère au cours de l'été 2006
180 Km.
île Blanche
péninsule du Yamal
gisement gazier de Bovanenkovo
Vorkouta
Moscou
Laborovoï
Salekhard
baie de l'Ob
péninsule de Tazovskiy
péninsule de Gyda
Ob
cercle polaire arctique
Taz
Ienisseï

Salekhard

L'aube, quai de la gare, Vorkouta. Des nuages de moustiques valsent autour de moi. Je fais la tortue, repliée sur mon sac à dos, tête dans les mains. Trois minutes de silence. Avant de partir, il faut s'asseoir pour se vider l'âme, disent les Russes. Cela aide à prendre son envol et à voyager léger. J'y crois. Habituellement, ce rituel se fait à la maison, sur le canapé du salon. Ce matin, c'est sur le bitume.

Mon objectif : m'enfoncer plus loin dans le septentrion et atteindre le bout de la terre. Depuis mon premier long voyage dans la toundra l'année dernière, je n'ai cessé de penser à ces plaines nues et à cette lumière minérale. Ma pensée a élu domicile au nord du monde. Le chaman dirait que mon esprit auxiliaire habite ici. Nous sommes à nouveau réunis. Je ne sais pas où mon voyage me conduira, mais j'ai confiance. Comme le renne, je me laisse guider par l'instinct. Je suis ma route de migration. Celle du *rangifer tarandus* mène vers le nord-ouest, la mienne vers le nord-est, la péninsule du Yamal et au-delà, en direction du Pacifique et de l'Alaska, l'autre pays inuit. Les Nenets m'obsèdent. J'en sais juste assez pour vouloir en savoir beaucoup plus.

Je viens de retrouver Vladimir, le chasseur des plaines. Il a changé. Il me paraît aigri et affaibli. Il sent la vodka. À quarante-cinq ans, il en paraît soixante. Il a perdu quelques dents. Je crois aussi qu'il attend de moi un peu plus qu'une amitié. Dès les premières minutes, il a tenté de m'embrasser, il s'est collé à moi et m'a tenu la main. Comment vais-je m'en sortir ? Je n'ai que lui. Je ne connais personne d'autre avec qui je puisse marcher dans la toundra. Il connaît la région, il sait chasser, pêcher, lire le vent et les étoiles. À ses côtés, je ne mourrai jamais de faim. J'apprendrai à survivre dans cette contrée. Vladimir me défendra si des hommes veulent me nuire. Je me demande à présent si ce n'est pas de lui que je vais devoir me protéger. J'admire en lui le passionné de la toundra, mais je redoute l'alcoolique. Sa compagnie me pèse déjà. Il ne parle pas, il jure sans cesse et vocifère comme un général de l'armée russe.

Malheureusement, il est trop tard pour que nos chemins se séparent. Il m'a convaincue qu'aux yeux des autorités j'étais sous sa protection et que je n'avais pas le choix. Je dois rester à ses côtés si je ne veux pas d'ennuis. Je ne sais pas de quoi il est capable.

Me voici en route pour les plaines de Sibérie avec un pochard pour compagnon ! Nous sommes en juin. Les Nenets ont commencé leur migration vers les pâtures d'été en février ou mars. Ils doivent être proches désormais de la mer de Kara... Notre première destination : Salekhard, ville portuaire du côté asiatique de l'Oural polaire, sur les rivages de l'Ob, fleuve mythique qui a charrié des civilisations entières de l'Altaï à l'Arctique.

Salekhard fut fondée en 1595 sous le nom d'Obdorsk – les résidents des bords de l'Ob – par les cosaques du tsar Fyodor dans le sillage de la déroute des princes de Novgorod. Obdorsk servait de plateforme de commerce pour les Samoyèdes et les Ostyaks[1]. Les nomades y traitaient avec les orfèvres ambulants et les marchands de tissus venus des steppes d'Asie centrale par l'Ob. Au coin des huttes souterraines, on échangeait peaux d'ours et de renard contre poignards et amulettes en bronze. Les percepteurs russes y collectaient le *yasak*, une taxe locale acquittée en fourrures.

J'attends Vladimir sur le quai de la gare. Il va arriver d'une minute à l'autre. Je réfléchis à notre itinéraire. Avons-nous fait le bon choix ? Au départ, nous souhaitions trouver une rivière sur laquelle nous nous serions laissés dériver en bateau pneumatique et nous aurions navigué de tchoum en tchoum. Mais nous n'avons pas trouvé d'embarcation qui vaille et je préfère la terre ferme.

La deuxième possibilité était de nous procurer des rennes et des traîneaux pour parcourir la toundra. Mais les rennes attelés demandent beaucoup de soins. Il faut les remplacer régulièrement. Nous aurions dû

1. Les Nenets furent appelés Samoyèdes jusqu'au début du siècle dernier. Les Russes les prenaient pour des cannibales. Samoyède vient du russe *samo yest* : qui se mange lui-même ou mange les siens. Jusque vers les années 1930, Ostyak était le nom que l'on donnait aux Khanty, des finno-ougriens. En langue khant, Ostiak signifie « les habitants de l'Ob ».

nomadiser avec un petit troupeau. Je ne suis pas spécialiste, Vladimir non plus. L'option renne – trop compliquée.

Puis a jailli l'idée de faire du train-stop. Gazprom, le géant du gaz russe, est en train de construire une ligne de chemin de fer pour relier la région de l'Oural polaire au super-gisement de gaz de Bovanenkovo, dans le nord de la péninsule de Yamal. J'ignore combien de kilomètres de rails ont été posés. Nous verrons sur place. Avec un peu de chance, nous pourrons grimper dans les trains de fret. Sinon, nous longerons la voie à pied. Elle sera notre câble de sûreté, notre lien avec la civilisation.

Enfin, Vladimir apparaît sur le quai, une bouteille de bière de deux litres à la main. Nous nous hissons à bord. La locomotive à face de reptile siffle deux coups. *Poïékhaly*[1] ! Le train grince à la sortie de Vorkouta. À peine ai-je posé mon sac qu'une contrôleuse aux yeux de hérisson me confisque mon passeport et mon billet. Nous serons les deux seules femmes à bord. Dans les compartiments voisins, des ouvriers affalés avalent leur petit déjeuner : bière, saucisson, et poissons séchés sur du papier journal. Tout le monde se connaît et s'appelle par son prénom et patronyme.

Je déambule dans les couloirs. L'une des portes extérieures n'a pas été bien fermée. Je me glisse dans son embrasure et avale l'air à grandes goulées. *Tarantatan. Tarantatan. Tarantatan.* Métronome hypnotisant. La toundra défile sous mes yeux. Je ne peux

1. C'est parti !

m'empêcher de penser que ces restes de baraquements, ces chicots de bois que je distingue au loin, ont été témoins de la souffrance des zeks. Cette ligne a été construite par les prisonniers du Goulag. Tous les cinq à dix kilomètres, il y avait des baraquements, des miradors, des barbelés. Les zeks y mouraient de froid, de scorbut, de tortures ou de bagarres. Leurs larmes ont nourri les marais que je vois miroiter aujourd'hui. Ils sont piquetés par le plumeau des roseaux, quenouilles au garde à vous, que seul le vent fait ployer.

Les crêtes de l'Oural ne sont pas loin, accessibles à pied, sans corde ni piton. J'ai envie de sauter pour les gravir. Ah, que ne donnerais-je pour admirer le reste du monde du haut de ces tours du septentrion ! L'Oural : un géant couché dans l'herbe. La neige recouvre ses épaules arrondies par l'érosion de millions d'années. Il règne sur les plaines, souverain.

« Gare de Yéletskaya ! » annonce une voix nasale dans les haut-parleurs du train.

Un adolescent en jogging monte à bord : « *Pirozhkis*, qui veut des *pirozhkis* ? »

D'autres garçons le suivent avec des glaces et des journaux. Je descends. La gare est une maison jaune au milieu d'un pré. Le quai grouille. Des ouvriers discutent en agitant les mains. D'autres, assis sur des sacs de chanvre, me lancent des regards bovins en buvant du *kvas*. Dans une Lada rouge, modèle boîte à savon, une radio crache du rock russe. Des enfants se poursuivent à vélo et me frôlent. D'autres boivent à la fontaine. J'aime ce puissant mélange d'anarchie et de force de vivre envers et contre tout.

Un jeune homme à lunettes marche vers moi. Il voyageait dans le compartiment voisin.

« Vous, vous n'êtes pas d'ici, me dit-il avec le sourire.

— Non. Et vous ?

— Moi, non plus. Je suis géologue. Je fais de la prospection, mais je ne vous dirai rien de plus. Il me semble que vous avez un accent. Vous pourriez être une espionne !

— Bien sûr, pourquoi croyez-vous que je suis là ? »

Nous rions et remontons à bord. Le train repart. Avant de regagner son compartiment, le géologue me prévient que nous allons bientôt quitter l'Europe et passer en Asie. La frontière sera indiquée. Je scrute l'horizon. Surgit une sculpture de béton torsadée vert et jaune pareille à un fou de jeu d'échecs, avec une planète pour tête. Sur un bras *Yevropa*[1], sur l'autre *Azia*. Nous entrons en Asie. Sans annonce radio.

L'Oural est une antichambre entre deux Russies, l'européenne et la sibérienne. Ses citoyens n'appartiennent à aucune des deux entités. Ils sont eurasiatiques. Ils vivent au creux de l'épaule de l'aigle impérial à deux têtes, dans le repli des plumes.

Plus je m'enfonce dans les montagnes, plus l'effervescence industrielle s'accroît. Des pelleteuses rugissent, des camions déversent du sable. On pose des routes pour pénétrer plus loin l'Oural. Des hommes construisent des stations d'approvisionnement. Ils dorment dans des tentes en toile cirée. Bottes et casseroles sèchent sur les pans. Le train

1. Europe.

s'arrête. Un homme descend converser avec les ouvriers puis remonte. Je vais à sa rencontre. « Cette région va exploser ! C'est formidable ! Si tout va bien, au moins cent cinquante mille personnes viendront travailler ici. Il y a tout à faire », ajoute l'employé de la compagnie de construction SevStroïInvest. Il a l'enthousiasme d'un Komsomol.

« Dans combien de temps viendront-ils ?

— Très vite. Dans l'Oural, on trouve toute la table de Mendeleïev[1]. Pour l'instant, nous extrayons de la bauxite pour en faire de l'aluminium mais il y a aussi du manganèse pour l'acier ainsi que du chrome et de l'or. Les négociations sont en cours avec les compagnies minières. L'Oural va devenir un immense chantier.

— Et Bovanenkovo ? lui dis-je, curieuse d'en savoir plus sur le gisement de gaz de la péninsule de Yamal, à cinq cent cinquante kilomètres au nord de Salekhard.

— C'est le plus gros projet d'exploitation de gaz jamais entrepris ! me répond-il. Il va contribuer à notre expansion. »

Bovanenkovo deviendra une nouvelle pompe à dollars. L'exploitation du gisement remplira les caisses de la région et contribuera à nourrir les ambitions géopolitiques du Kremlin. La Russie, souvent accusée de ne pas investir assez dans ses infrastructures gazières, doit développer de nouveaux gisements si elle veut préserver son statut de puissance énergétique mondiale.

1. Tableau de classification périodique des éléments établi par le chimiste russe Mendeleïev en 1869.

« Regardez ! Ce sont nos pistes de ski ! continue-t-il en me montrant du doigt deux tranchées parallèles creusées dans la montagne.

— Ce ne sont pas les Alpes mais presque ! dit un ouvrier en passant.

— L'une est pour nous, les locaux, et l'autre pour les Moscovites. »

Traduction : une piste est gratuite, l'autre est payante.

Au crépuscule, les montagnes passent derrière nous. Le train pénètre l'espace ouvert de la toundra. Me voici en Sibérie, où les pas de l'homme ne pourront jamais triompher. Au XVIIe siècle, les rois d'Europe n'avaient qu'une vague idée de la taille de la Russie. Certains imaginaient que le pays devait être aussi grand que la surface de la Lune.

Une vive énergie coule dans mes veines. Plonger dans l'inconnu est salutaire. L'insouciance est la meilleure amie de l'instant présent. Je la cultive plus facilement en Russie qu'ailleurs.

Le ciel rosit. Notre train ralentit puis s'arrête. Labytnangui ! Terminus sur la rive nord de l'Ob, en face de Salekhard.

Sur le quai, deux agents de la milice me demandent mes papiers. Ils les consultent puis me les rendent, avec hésitation. Je suis la seule qu'ils aient interpellée. Soit je dénote, ce qui est peu probable car je suis en jean comme beaucoup de jeunes filles russes, soit on les a prévenus de mon arrivée. Vladimir et moi quittons la gare et longeons des maisons bleues montées comme des pièces de Lego sur des terrains vagues. La route est jalonnée de pancartes indiquant

Labytnangui, 1975, l'année de naissance de la ville. L'âge moyen des villes du nord ne dépasse pas celui d'un retraité italien.

Avant l'arrivée des Soviets, Labytnangui, les « sept mélèzes » en langue khant, n'était qu'un hameau de quelques maisons, avec des barriques d'eau à l'entrée et des trottoirs en bois. Entre 1940 et 1950, une excroissance urbaine s'est étalée autour du nœud de goulags. C'est ici que transitaient les milliers de prisonniers venus de toute l'Europe pour poser des rails et coloniser le nord.

Nous traversons un cimetière envahi de mauvaises herbes. Les tombes ont été ensevelies. Vladimir accélère le pas. Il tente de retrouver sa maison d'enfance. Je le talonne. Il s'arrête devant un amas de planches et de béton broyé.

« Pas possible ! Raclure humaine ! »

Vladimir balaie la ville d'un regard découragé.

« Tout a changé ! Je ne reconnais plus rien. »

Nous cherchons un magasin pour nous approvisionner en soupes chinoises – le carburant des marcheurs. Parcourant la ville, Vladimir me fait une confidence.

« Avant, il n'y avait ici que deux sortes d'individus : les *zeks* et les gars du NKVD[1]. Les prisonniers étaient transformés en insectes, les faibles se faisaient écraser.

1. Le NKVD, abréviation de *Narodnii komissariat vnoutrennikh diel*, ou Commissariat du peuple aux affaires intérieures, était la police politique chargée de la sécurité nationale de l'État à partir de 1934. Il orchestra les purges de Staline de 1937-1938 et géra les camps de travaux forcés. Il fut remplacé par le KGB en 1954, lui-même devenu le FSB en 1991.

Mon père travaillait pour le NKVD. On ne lui a pas donné le choix. Il a fait des choses ignobles. Un ordre, ça ne se discute pas. Mais tout ça, c'est du passé. Il ne faut plus y penser. »

Effacer l'histoire est une spécialité russe. Selon Ernest Renan, cité par Hervé Le Bras : « L'oubli, et je dirais même l'erreur, sont un facteur essentiel de la création d'une nation[1] » car ils jettent un voile sur les violences passées.

Je crains Vladimir doublement. Cet homme marche dans les traces de son père assassin. Son géniteur a torturé les siens et participé à la guerre de l'État soviétique contre son peuple. Vladimir, lui, a tué des dizaines de moudjahidin au cours de combats en Afghanistan. Lorsqu'un homme prend la vie d'un autre, une partie de lui-même disparaît et son âme s'assombrit. Mon compagnon de voyage en est un exemple.

L'année dernière, Vladimir était un autre. Il me faisait découvrir la danse de la toundra. J'admirais sa connaissance du terrain et son aisance dans les milieux hostiles. Je le pensais capable de désamorcer n'importe quelle crise. Sa face vile ne m'était alors pas apparue. Aujourd'hui, elle domine.

Tous les descendants de cette première génération de Labytnangui sont soit fils de bourreau, soit fils de martyr. Je sens ici la même aura sinistre qui m'a prise au ventre à mon arrivée à Vorkouta. Cet endroit doit être truffé de fantômes. Ici, des milliers d'hommes ont

1. *Qu'est-ce qu'une nation ?* cité par Hervé Le Bras, *in Le Sol et le Sang*, Paris, L'Aube, 1994. p. 13.

perdu la vie subitement. La perspective de bivouaquer dans de tels parages m'angoisse.

Nous revenons à la gare pour trouver un gîte. Une matrone à la chevelure rouge annelée nous propose des chambres à vingt dollars la nuit dans la « zone de repos ». J'accepte. Vladimir, lui, part trouver des vieilles branches avec lesquelles s'assommer de vodka. Il compte dormir dans un train resté à quai, une pratique courante chez les voyageurs russes à l'escarcelle légère. Je me réjouis de passer quelques heures sans mon compagnon de route. Vladimir sent mauvais et me traite avec rudesse, comme un soldat. Le prix à payer pour lui avoir fermé la porte de mon cœur.

Le lendemain matin, il envahit ma chambre et me gueule l'ordre de me lever. Combien de temps vais-je tenir ? Nous quittons la gare et sautons dans un bac pour atteindre Salekhard, la grande ville sur la rive sud de l'Ob, ce fleuve aux reflets rouille. Un minibus nous dépose au premier carrefour. Vladimir panique. Il ne reconnaît pas plus Salekhard que Labytnangui. Il ne sait plus où aller. En sept ans, le nom des rues a changé. Il accuse Gazprom, injurie les capitalistes.

« Tous des salauds ! Qu'ils crèvent ! »

L'air est rempli d'effluves d'acier coupé, de terre retournée et de peinture fraîche. Je lis sur une pancarte : « Nous voulons construire rapidement de belles maisons pour que les habitants soient fiers de leur ville. » On se croirait dans une banlieue américaine.

Si Vorkouta s'écroule, Salekhard renaît. Plus de blocs brejnéviens et de maisons en bois mais des tours en verre, des résidences neuves au toit rouge et des ponts larges comme des autoroutes. Il y a des cinémas, des complexes sportifs, un stade pour jouer au hockey et des centres commerciaux. Aux feux rouges, Mercedes V8 et Porsche Cayenne. Ça sent l'argent du gaz à plein nez. Salekhard est devenue le Dallas de la Sibérie et Vorkouta une ville fantôme de la route 66 qui aurait inspiré Steinbeck.

Capitale de l'industrie de l'or gris, Salekhard symbolise une Russie rugissante, prête à reconquérir le monde et à se venger du passé. La ville règne sur le district autonome Yamal-Nenets, une région grande comme une fois et demie la France. Le district contient presque quatre-vingt-dix pour cent des réserves de gaz naturel de Russie, premier producteur et exportateur mondial. L'énergie éthérée de ses tuyaux chauffe une maison sur quatre en Europe. Un coup de téléphone et Moscou ferme les vannes aux Ukrainiens, aux Géorgiens et aux Biélorusses. Les Européens ont de quoi être inquiets.

Salekhard est la seule ville du monde située exactement sur le cercle polaire. Ici, on dîne au restaurant Le Nord, on fait ses courses à L'Ours polaire et les visiteurs dorment à l'hôtel Arktika, construit par des Canadiens. Le réseau de téléphonie local s'appelle Yermak, du nom du héros des premières conquêtes sibériennes, à la fin du XVIe siècle.

Vladimir Ilitch Oulianov est toujours là, debout, sur la place, en costume, une page de discours à la main, une couronne de fleurs fraîchement déposée au bas de son piédestal. Lénine a toujours des fidèles.

En 1933, Obdorsk devint Salekhard – « village du cap » en langue nenets. Les nomades y tenaient un lieu de culte. Le sang des rennes sacrifiés coulait sur les berges surélevées pour calmer les esprits. Puis, ce fut le sang des zeks, pour apaiser Staline. Aujourd'hui, ruisselle la sueur des ouvriers du gaz de Poutine. L'énergie du sous-sol a remplacé celle des cieux. Plus besoin de prier les esprits, Gazprom offre un avenir meilleur.

Vladimir continue d'insulter les passants. Il cherche le département des Affaires agricoles. Une blague ? Ici, rien ne pousse. Non, ce département existe vraiment. Nous le trouvons après quatre heures de marche. Vladimir demande un certain Babin, vice-gouverneur de la région, responsable de l'élevage de rennes. Il connaît toutes les routes de migration des nomades par cœur. Babin, un petit homme aux yeux turquoise, nous reçoit dans son bureau. Vladimir a travaillé avec lui il y a une quinzaine d'années.

« Pourriez-vous me conseiller un bon moyen de voyager dans la toundra ?

— Bien sûr ! me répond Babin. Début juillet, vers le 2 ou 3, nos hélicoptères partent ramasser les bois de rennes dans la région de Panaïevsk. Nous pourrions vous déposer et vous reprendre une semaine plus tard. Cela vous irait ?

— Formidable ! Je vous remercie ! »

Nous avons donc une dizaine de jours pour gagner le gisement de gaz Bovanenkovo en train et revenir à Salekhard pour le rendez-vous de l'hélicoptère de Babin. Vladimir s'oppose à l'idée de cette incursion dans les territoires gaziers. Il pense que nous ne serons jamais rentrés à temps.

« Tu ne sais pas ce qui peut se passer dans la

toundra ! On voit bien que tu n'as aucune expérience ! »

Je ne me laisse pas intimider. Vladimir grogne et me suit.

Avant de nous lancer dans la toundra, nous contactons le ministère des Situations d'urgence – l'autorité du dernier recours – au cas où il nous arriverait quelque chose. Le ministère s'occupe des opérations de sauvetage, des crises énergétiques et autres malédictions.

Le chef du bureau local, Vladimir Grégorievich, nous ouvre la porte, un homme bâti comme un boxeur mais sans nez cassé, en marinière et tenue de camouflage. À peine assis dans son bureau, à 9 heures du matin, il nous sert des verres d'eau-de-vie de racines dorées[1]. Rapicolant cordial. Il me demande qui prévenir en cas de disparition et nous commande une voiture de milice pour nous mener aux premiers virages de la piste.

1. Il s'agit de la *Rhodiola Rosea*, ou racine arctique, une plante qui aide à combattre le stress et le vieillissement. Sa racine est connue dans la médecine traditionnelle russe pour augmenter l'endurance. En Suède, on affirme que les Vikings lui devaient leur légendaire force physique et, aujourd'hui encore en Sibérie, on offre des racines de Rhodiola aux jeunes mariés. La plante fut « redécouverte » dans les années 1940 par le médecin russe Nicolaï Lazarev. Staline lui avait demandé de trouver les moyens d'accroître la résistance physique et intellectuelle de la population russe. La plante est dite « adaptogène », ce qui signifie qu'elle possède des propriétés régulatrices qui aident l'organisme à s'adapter à différents chocs.

Train-stop dans la toundra

Assis à l'arrière de la petite voiture de la milice, nous brûlons tous les feux rouges. Pour les autres conducteurs, notre engin est synonyme de pluie d'amendes aléatoires, surtout les jours de fête. Nous sommes dans la gueule du loup. Nous traversons Obskaya, une base industrielle en déliquescence dont la gare est la tête de ligne de la voie de chemin de fer. Les rails fusent vers le super-gisement de gaz de Bovanenkovo. Des pipelines, prêts à monter, s'entassent en pyramide sur le bas-côté de la route. Les policiers nous déposent en pleine toundra.

La saison des démons volants a commencé. Il y a tant de moustiques que l'on peine à respirer. Un camion nous embarque. Son chauffeur travaille pour YamalTransStroï, la division de Gazprom qui construit la voie ferrée. Nous nous serrons dans sa cabine enfumée. Une photo de blonde en décolleté orne le tableau de bord. La radio grésille des ballades russes. Une parole sur deux est avalée par le chaos de la piste. Nous longeons la voie ferrée vers le nord-est. Je somnole. Vladimir me frappe du coude. Il a repéré un train.

« Tentons de grimper à bord ! » dis-je sans réfléchir. Puis au chauffeur : « Plus vite, il faut le dépasser ! »

Il accélère. Avec une bonne marge d'avance, nous sautons du camion. Le convoi ferroviaire transporte des wagons de sable. Nous agitons les bras. La micheline s'arrête. Les deux machinistes sont perplexes.

« Qu'est-ce que vous voulez ?

— Nous allons vers le nord ! On peut monter ? »

Les hommes nous dévisagent. Ils ne doivent pas avoir l'habitude qu'une étrangère les hèle comme un vulgaire taxi.

« C'est bon, grimpez ! »

Nous jetons nos sacs à bord et nous nous asseyons sur des strapontins derrière le chauffeur. La mécanique date des années 1970. Les rideaux aux fenêtres aussi. On nous sert un café instantané. La voie ferrée s'effile à l'horizon. Je repense à ce que j'ai appris à l'école : en mathématiques, deux lignes parallèles se rejoignent à l'infini dans l'espace.

J'aimerais tant pouvoir traverser la toundra sur les rails ! Mais le chauffeur ne semble pas apprécier notre présence. On ne rigole pas pendant le service. Vladimir et moi tentons de nous faire oublier.

Quarante kilomètres plus loin – soit dix de plus que ce que nous proposait le camionneur –, le train s'arrête. Les deux machinistes descendent et grimpent dans un autre train garé sur une deuxième voie dont les compartiments ont été convertis en dortoirs. Il y a même un sauna ! Nous voici dans un camp de travailleurs de la voie.

Nous entrons. Sur le passe-plat du wagon de la salle à manger, une femme coiffée d'une toque me sert un repas, dessert compris. Je lui demande combien je lui dois.

« Rien ! Rien ! Mange à ta santé. Nous avons encore le communisme ici ! » répond-elle.

Les ouvriers parlent arménien, biélorusse et ukrainien. Ils touchent un salaire beaucoup plus élevé que chez eux. Ils nous invitent à rester quelques jours.

« Vous n'êtes pas bien ici ? Regardez, nous avons tout ce qu'il vous faut, dit le chef d'équipe.

— Hélas, nous devons poursuivre notre route. »

La micheline ne repart pas avant après-demain. Vladimir et moi continuons à pied. Plusieurs camions passent sans s'arrêter. Nous marchons sous un soleil de plomb. Une fourgonnette nous embarque finalement. À bord, quatre gardiens de la prison de Salekhard trinquent à la vodka chaude. Le conducteur prend les plus grosses rasades. Il coupe les virages, évite de justesse les bordures de la chaussée. Ses compagnons se moquent de lui. Vladimir festoie avec eux. Je m'abstiens. J'accroche ma ceinture et m'agrippe à une poignée.

« Ah, la France, ça ne peut pas être mieux qu'ici ! Pas vrai ? dit l'un des gardiens.

— Moi, je voudrais voir Paris avant de mourir », soupire un autre.

Vladimir a déjà bu cinq verres et n'a pas du tout l'air inquiet. Au loin, des tchoums.

Je crie : « Allons les voir ! »

Je parle dans le vide. Vladimir reprend un verre, puis un autre, toasts à l'amour et à une pêche fructueuse – les gardiens vont camper près d'une rivière pendant le week-end. Je reviens à la charge. En vain. Une mort idiote nous attend. Les hommes échangent des anecdotes. Je les supplie de me laisser descendre. Mon désespoir les fait rire. J'ouvre la porte en faisant mine de vouloir sauter.

« Vas-y si tu veux ! »

Le conducteur s'arrête quand même. Je bondis et prends nos sacs. Vladimir me suit en titubant. Nous filons droit vers l'archipel des tchoums sous le soleil de minuit. La toundra ce soir est parée de nuances ocre et orangées. Je la foule avec ardeur et rebondis sur la terre spongieuse. Grands pas. Rythme soutenu. Calme et causerie intérieure. Quelle sensation merveilleuse de retrouver la danse de la toundra après avoir frôlé la mort. Pendant un court instant, je me libère de Vladimir. J'oublie son existence. Je me concentre sur ce que je vois. Des perles d'eau glissent sur les toiles d'araignées. Demain il fera beau.

À notre arrivée chez les nomades, les chiens montrent leurs crocs. Quatre pattes de renne et un cœur sanguinolent décorent un traîneau. Des cuissots empalés sur des perches entrecroisées sont en train de sécher. Nos hôtes sortent un à un de leur tente.

« Des Komis Zyrianes », me dit Vladimir qui semble reconnaître l'un d'entre eux à la trogne rubiconde. Il lui demande : « Tu étais dans la brigade numéro ncuf[1] ?

— Oui, mais il y a bien longtemps, lui répond l'éleveur. Tu as changé. »

Je ne m'attendais pas à rencontrer d'autres peuples que les Nenets. Combien sont-ils à nomadiser dans ces immensités ? Les Komis (Ziriènes ou Zyrianes) font partie de la grande famille finno-ougrienne qui rassemble les Finlandais, les Hongrois, les Khanty et les Estoniens. Les Komis ont rejoint l'Empire russe au cours des XIVe et XVe siècles et se sont rebellés sans succès au XIXe. Au sein de l'Union soviétique, ils ont créé la république des Komis qui existe toujours, dont Syktyvkar est la capitale et Vorkouta la ville la plus septentrionale.

Sous le régime soviétique, les Komis furent russifiés, leurs intellectuels et leurs « bourgeois armés nationalistes » emprisonnés. Les Komis avaient moins de rennes que les Nenets, ce qui les rendait plus vulnérables. La langue komi fut bannie des écoles pendant plus de soixante-dix ans. Dans les années 1930, la plupart des journaux de langue komi disparurent. Au cours des années 1950 et 1960, les Komis sont devenus minoritaires face à une migration importante de Russes attirés par les salaires des mines et l'exploitation du gaz et du pétrole.

1. La brigade était une unité de sovkhoze, les fermes soviétiques auxquelles les éleveurs ont dû donner leurs rennes pendant les collectivisations et pour lesquelles ils ont été forcés de travailler. L'expression de brigade est restée, même si ces fermes sont devenues pour la plupart des coopératives publiques ou privées depuis que la Russie s'est lancée dans l'aventure de l'économie de marché.

Les Komis ont des coutumes différentes de celles des Nenets. Ils tuent le renne en lui plantant un couteau dans le cœur tandis que les Nenets, eux, l'étouffent. En outre, les Komis sont plus orthodoxes que les Nenets, restés plutôt animistes.

Vassili Terentyev, le chef du clan, et son fils Alexeï nous invitent à nous asseoir dans l'herbe. Ils nous observent comme des chats. Vladimir tente de les distraire en leur parlant de l'idée du maire de Vorkouta de recréer un Goulag pour touristes. Aucune expression dans leurs yeux. Je me sens un peu de trop. Deux adolescents se joignent à nous.

« Les jeunes s'ennuient ici, dit Vassili. Le soir, ils veulent regarder la télé comme au village. Pour eux, ici, c'est tous les jours la même chose. »

Quelle tristesse d'entendre parler de télé dans la toundra ! Je n'en ai pas chez moi. Je la préfère chez les autres. La télévision est perverse. Elle vous prend en otage. Elle s'empare de votre jardin secret et ligote votre imagination. Il faut dénoncer la tyrannie des télécommandes ! Détruisons les télévisions, recyclons-les ! Je bouillonne en écoutant Vassili chanter les louanges de la petite lucarne. La télé, ce monstre à diffuser la vulgarité du monde, a des adeptes même dans les confins les plus reculés.

Nous passerons la nuit dans le tchoum des Zyrianes sur d'épaisses peaux de renne.

Au petit matin, le clan transhume vers la mer de Kara. J'aimerais le suivre mais nous ne voulons pas nous éloigner de la voie ferrée, notre fil conducteur. Nous revenons vers la piste. Vladimir gémit.

« Qu'est-ce que je fous là ? Tu les as vus tes foutus nomades, maintenant rentrons ! »

Dispute courte et intense. Je ne fléchis pas. Un nuage passe, puis un train, filant vers le nord. Nous bondissons vers lui. Le machiniste nous prend. Il a entendu parler de nous à la radio des cheminots.

Il nous dépose douze kilomètres plus loin, au pied d'une rangée de cylindres métalliques, des habitations pareilles à celles des hamsters. De ces boîtes de conserve sortent des hommes bâtis, la poitrine en avant – des modèles de tableaux réalistes socialistes. Je demande à l'un d'eux combien de kilomètres de rails il reste à poser.

« Bah ! On a fait environ la moitié. À peu près deux cent trente kilomètres, en vingt ans ! Les remblais de la voie s'écroulent comme un château de sable. Les rails se tordent, les ponts sont instables. La toundra recrache le chemin de fer. Pourtant tout doit être terminé dans cinq ans ! Cette ligne pourrait finir comme "Construction 501", la Route morte. Mais puisque Moscou l'a décidé, il faudra y arriver ! »

L'ouvrier retourne dans son silo. « Construction 501 » : l'un des projets les plus fous de Staline, une tentative de relier les villes subarctiques par voie ferrée, de l'Oural à l'Ienisseï. Une route de plus de mille kilomètres à travers la toundra gelée, marécageuse et infestée de moustiques. Les historiens estiment qu'entre soixante-dix mille et cent mille prisonniers y ont vécu l'enfer entre 1947 et 1953. Environ un tiers n'en est jamais revenu. La voie ferrée devait passer par Salekhard, Nadym et atteindre le port d'Igarka sur l'Ienisseï. Le comité exécutif du parti envisageait de la pousser jusqu'à Dudinka puis Norilsk – capitale mondiale de l'exploitation de nickel, au nord-est d'Igarka. Les zeks abattaient une masse colossale de travail quotidiennement. Chaque segment de rail était posé à la main. Ils charriaient du sable dans des brouettes, le déversaient sur les talus de la voie et l'aplatissaient avec des pelles[1].

Comme sur la ligne de Bovanenkovo, les surplombs s'écroulaient et les rails bougeaient. Les trains déraillaient. Il fallait sans cesse recommencer. Le permafrost n'est pas adapté. La terre est mouvante. L'été, elle fond et se gorge d'eau. L'hiver, elle se fige. Malgré ces transmutations saisonnières, trois cent quarante kilomètres de rails furent posés entre Salekhard et Nadym vers l'est et cent quarante kilomètres entre Igarka et Yermakovo vers l'ouest. En 1957, une équipe d'experts inspecta la ligne entre Salekhard et Nadym et conclut que plus d'un tiers ne valait rien[2]. Dans la taïga au sud de Salekhard, des locomotives à charbon gisent encore entre les arbres et des dizaines de baraquements continuent de défier les tempêtes. Les mauvais éléments étaient enfermés dans des *isolyatory*, cellules pénitentiaires sombres et non chauffées. On leur enlevait leurs habits le matin pour qu'ils prennent froid et l'on ne les leur rendait

1. A. Vologodsky et Konstantin Zavoïsky, *Dead Road*, http://cons3.narod.ru/DeadRoadENG002.html. Voir aussi Youri V. Lazarev, *1/501 Gulaga*, Musée d'histoire du Goulag de Moscou, 2007.

2. *Ibid.*

que le soir. Leurs rations étaient divisées par deux ou par trois. La nuit, ils dormaient sur une planche en bois. Des scientifiques ont retrouvé des écuelles percées par des baïonnettes et des piles de bottes en feutre découpées en morceaux[1]. Avant de quitter les lieux, les chefs des goulags détruisaient tout ce qui pouvait servir aux civils.

Le projet transarctique disparut avec Staline en 1953. Aujourd'hui, il ne reste plus qu'un segment de chemin de fer filant vers nulle part.

Quel sera le destin de la ligne de Bovanenkovo ? Je doute que le Kremlin laisse les humeurs de la toundra perturber ses plans. Quelles que soient ses méthodes, Gazprom terminera ce projet et achèvera ce qui sera mondialement reconnu comme la voie ferroviaire la plus septentrionale du monde, s'étirant bien au-dessus du cercle arctique, presque jusqu'au 70e parallèle. On fera venir des journalistes de tous les fuseaux horaires pour l'admirer, comme à l'époque des grands travaux de Staline.

Je cherche Vladimir, frappe à la porte de plusieurs cylindres pour le trouver. Au quatrième, je le découvre en train de descendre des *shots* de vodka avec un ouvrier russe. Dans un minuscule coin cuisine, une femme évide des poissons.

Elle s'appelle Léna. Elle n'est pas cuisinière de formation mais infirmière. Léna est censée parcourir la toundra de tchoum en tchoum pour soigner les autochtones. En quatre ans, elle n'a fait qu'une visite.

1. *Ibid.*

Le sort des nomades lui importe peu. Elle a l'énergie d'une paramécie.

L'ouvrier russe propose que nous emmenions l'infirmière avec nous dans la toundra demain. Une micheline doit passer dans l'après-midi.

La nuit, je tente de me reposer dans un cylindre voisin, au côté de deux grosses ronflantes. Quand pointe la micheline, Vladimir n'a toujours pas dessaoulé. La locomotive, peinte aux couleurs de la Fédération de Russie, rutile comme un jouet d'enfant. Des colonnes de vapeurs s'en échappent. Son cheminot barbu fume autant qu'elle.

Avec Léna et Vladimir, nous prenons place au côté d'une dizaine d'adolescents nenets qui ont terminé l'année scolaire et vont passer l'été chez leurs parents dans la toundra. Les garçons portent une casquette de cuir noir tels de petits Russes. Je n'arrive pas à engager la conversation. Dans la toundra, le voyageur est le bienvenu. Ailleurs, on ne s'y frotte pas. Par petits groupes, les Nenets sautent du train et disparaissent. Certains vont marcher des jours avant de retrouver leur famille. Leur destination change sans cesse, au gré des marches du troupeau. Ils connaissent par cœur la route de migration de leur famille.

À bord de la micheline, je regarde défiler un paysage hors du temps. Sur les rivages des lacs survivent quelques névés, souvenirs de l'hiver. Des fées lumineuses dansent à la surface de l'eau. Joyeuses particules, elles rendent hommage au soleil, fils de Noum, le créateur de l'univers. J'aimerais me joindre à elles. J'ai la même énergie. Je ferais des rondes en rebondissant sur l'eau. La lune nous salue de loin. Je l'aime tant. Je l'appelle la consolante, celle à qui l'on a envie de tout dire.

« Cinq tchoums à bâbord ! » hurle Vladimir.

Nous sautons. Cap sur les cônes blancs. Marche rapide.

« Les éleveurs de rennes sont des sauvages, mais ils sont aussi des hommes », me dit Léna en regardant les tchoums.

Elle fait partie de ces Russes qui prennent les autochtones pour des individus primaires et illettrés, incapables de s'intégrer au monde moderne. Elle pense qu'elle leur rend un immense service en leur apportant des médicaments. Les nomades sont devenus encore plus dépendants de la médecine moderne depuis que leurs guérisseurs sont tombés sous les balles des Soviets, emportant avec eux les secrets qu'ils n'ont pas consignés. Mais les potions de laboratoire de Léna ne remplaceront jamais tous les remèdes des chamans d'autrefois.

Une tête nattée émerge de la fente d'un tchoum puis une autre, puis trois – totem de nénettes ! Une femme vient à notre rencontre. Elle remarque le sac de médicaments.

« Ah ! C'est bon de voir un médecin, nous n'en avons pas croisé depuis des années », dit-elle.

L'infirmière a de quoi faire. Le clan compte une quinzaine d'enfants. Beaucoup ont des prurits sur le visage et le corps.

Zigzaguant entre les tentes, les jeunes filles pétrissent des morceaux de peaux pour assouplir le cuir. Nous sommes en pleine saison de confection de cuissardes et de capuches pour les manteaux de peaux de rennes. Tout doit être prêt pour septembre. En octobre, le mercure ne remonte plus au-dessus de zéro. Chaque année, les femmes renouvellent la garde-robe de toute leur famille. Les vieux manteaux sont recyclés en couvertures.

Vanya, un blond boutonneux de douze ans, est en train de clouer des lattes en plastique sur les patins de son traîneau. Ces lattes facilitent la glisse sur l'herbe humide. Quelques minutes plus tôt, je l'ai vu enfouir une paire de rechange sous un tas de pierres, au bord d'un ruisseau.

« Je les reprendrai à l'automne », me dit-il avec un fort accent que je n'arrive pas à situer.

Personne ne touche aux affaires des autres. Règle de la toundra.

Les nomades ont une vision minimaliste du voyage. Ils n'emportent avec eux que le nécessaire. Lors de leur migration vers la mer de Kara, ils abandonnent leurs habits d'hiver sur des traîneaux. Ils ne les reprennent qu'au retour, sur la route des taïgas du sud.

Jeune adolescent, Vanya parle comme un homme. C'est un Khant, un Finno-Ougrien, cousin éloigné des Hongrois et des Komis. À l'aube du premier millénaire, les Khanty nomadisaient à travers les steppes d'Asie centrale. Certains ont migré vers le nord tandis que d'autres incurvaient leur route vers l'ouest et l'Europe.

Plusieurs Khanty de ce clan ont épousé des femmes

nenets. Leurs grands-parents travaillaient ensemble pour le même sovkhoze. Ensuite, ils se sont mis à leur compte. Les enfants parlent un mélange de khant et de nenets, deux langues tout à fait distinctes[1].

« Souvent nous commençons une phrase dans une langue et la finissons dans une autre », me dit Vanya.

Les Québécois bilingues comme moi alternent aussi sans arrêt entre deux langues. Il m'est souvent plus facile de construire un argument en anglais et de laisser mon cœur parler en français.

Trois jeunes filles viennent à ma rencontre et m'invitent dans leur tchoum. Elles portent des bottes en plastique, des robes à fleurs criardes et un fichu sur la tête. Leur mère est partie ramasser du bois. M'intéressant au monde de leurs rêves, je leur demande qui est leur héros.

« Harry Potter ! » répondent-elles en chœur.

Le jeune sorcier à lunettes s'est frayé un chemin jusque dans la toundra ! Comme les nomades, Harry Potter redoute les mondes obscurs. Les jeunes filles ont lu le premier, le deuxième et le quatrième des sept tomes de ses aventures. Mais l'aînée a aussi beaucoup aimé *Père et Fils* de Tourgueniev et *Anna Karénine* de Tolstoï. La cadette ne se laisse pas impressionner par sa grande sœur et nous récite un poème de Blok en ravaudant une cuissarde. Ces filles me troublent. Elles étudient sagement pendant l'année scolaire et

1. Par exemple, « bonjour » en nenets se dit *nanidorova*, « au revoir » *lakomboï* alors qu'en khant, « bonjour » se dit *vushya ula* et « au revoir » *pajem ula*. Le « renne » est *ty* en nenets et *khalang* en khant.

renouent sans peine avec l'harmonie de la toundra l'été. Reviendront-elles dans leur pays une fois l'équivalent du bac passé ? Si elles continuent leurs études jusque-là... Je ne sais pas ce que je ferais à leur place. Âgées de dix à quatorze ans, elles sont si matures ! Elles savent ce qu'elles doivent faire. Elles travaillent les peaux avec dextérité. Leur visage traduit beaucoup d'expériences vécues. Peut-être vieillit-on plus vite dans la toundra.

Leur mère nous rejoint. Elle ne dit mot mais nous lance des regards bienveillants. Je passe la soirée avec elles. Leur père est de garde du troupeau cette nuit. Il reviendra demain. Vladimir, lui, cuve sa vodka dans une tente voisine.

Je m'endors. Rires et chuchotements pénètrent mes rêves. Au matin, rien n'est plus doux que de se réveiller dans un tchoum, surtout en compagnie d'enfants. Je les entends jouer. La lumière caresse ma peau, filtrée par les draps bariolés formant un triangle fixé au-dessus de ma tête. Chaque membre de la famille émerge de son cocon de coton. Le feu crépite. Le père, revenu dans la nuit, dort paisiblement. Je l'entends souffler. Ses pieds dépassent de son manteau qui lui sert de couverture. Petit déjeuner de poissons salés.

Je fais ma toilette dans l'eau glaciale du lac et reviens coiffée et maquillée. J'en ai assez d'avoir l'air d'un garçon manqué parmi ces jolies filles. Qui a dit que les voyageuses n'avaient pas le droit de se sentir belles ? Je me promets de ne plus me laisser aller.

Il n'est pas courtois de passer devant un tchoum

sans y entrer boire le thé. J'aperçois une jeune mère nenets allaitant son nouveau-né. Elle me fait signe d'entrer. Je m'assieds sur une peau de renne hydratée à l'urine de bébé. Son nourrisson boit goulûment. À ses côtés, une poupée sans tête est vêtue d'un manteau traditionnel en peau de renne, serré à la ceinture par une lanière de cuir à laquelle sont accrochés une bague en argent et un rouble datant du règne de Nicolas II.

« C'est *Myad Poukhacha*, l'esprit gardien du tchoum, dit la jeune mère, voyant que je m'y intéresse. C'est notre poupée sacrée. Elle aide les femmes lors de l'accouchement et protège l'âme du nouveau-né. »

Cette poupée, Myad Poukhacha, représente Yaminya, femme du dieu suprême Noum. Elle est la déesse de la fertilité et la protectrice de la vie sur terre. Yaminya se dresse invisible au côté de la mère lorsqu'elle donne naissance. Myad Poukhacha est offerte lors des noces. La mariée a sept jours pour lui confectionner un nouveau manteau. Elle devra s'en occuper comme d'une sœur. Construite à partir d'un morceau d'une poupée appartenant à la mère ou une autre proche, Myad Poukhacha est dépositaire de l'énergie de la famille. « C'est la première chose que je mets sur mon traîneau lorsqu'on s'apprête à partir, et la dernière que je sors lorsque le tchoum est monté », m'explique la jeune mère.

Les Nenets confectionnent aussi une autre sorte de poupée, appelée *ngytyrma*. Elle représente l'esprit d'un ancêtre. Crainte et respectée, on lui demande conseil, comme à un ancien qui n'est plus de ce monde mais qui réapparaît de temps en temps. La poupée est sujette à des rituels précis. On boit le thé avec elle certains jours de l'année. On lui sert ses plats préférés. Fabriquée sept ans après la mort de l'ancien – il faut attendre que le défunt soit jugé et purifié –, elle est taillée dans un morceau de bois du cercueil. Les ancêtres sont très présents dans le quotidien des Nenets. Lorsqu'un parent important rend visite à un clan, son nom est clamé haut et fort pour que les ancêtres l'entendent.

La jeune mère se penche sur son bébé et susurre une berceuse : « Écoute les clochettes, ne pleure pas, écoute les clochettes... »

Le petit ne dort pas. Il fixe la dent d'ours suspendue au-dessus de sa tête sur l'anse de son berceau. Elle le protège du mauvais œil. Ses frères et sœurs se baladent sans surveillance parmi les rennes. Les Nenets élèvent leurs enfants sans user de beaucoup d'autorité. Par rapport aux enfants européens dont chaque fait et geste est contrôlé, ils restent très libres.

Une fois le petit endormi, la jeune Nenets s'active et réorganise le tchoum.

« Nous allons transhumer ce soir. »

Ces jours-ci, le clan se déplace la nuit pour éviter la chaleur. La jeune femme attache toute sa maison sur une dizaine de traîneaux : table basse, chaudrons, assiettes, manteaux. Les tchoums voisins se défont à la même cadence. Les hommes rassemblent les rennes pour sélectionner ceux qui tireront la caravane. Cacophonie. « Awh ! awh ! » des rennes, aboiements des chiens, pleurnichements d'enfants.

Je n'aime pas les adieux. Je dis bonjour pour saluer mes hôtes, comme au Québec[1]. Je rejoins les rails avec un pincement de cœur. La gaieté et l'insouciance de ces enfants m'ont fait du bien. Je les recroiserai peut-être.

1. Au Québec, on peut crier « Bonjour ! » pour se dire au revoir. Cela rend la séparation moins douloureuse.

Liouda

À peine posons-nous les pieds sur la piste qui longe les rails qu'une camionnette s'arrête et embarque l'infirmière. Chance de débutante. Vladimir et moi poursuivons dans la direction opposée. Le temps passe, mais pas une voiture à l'horizon.

Nous approchons de la rivière Choutchya, où les gardiens de prison de Salekhard sont allés tremper leur ligne. Vladimir veut y tenter sa chance, lui aussi. Nous dévalons les berges abruptes de la rivière. Une pierre m'écorche la cheville jusqu'au sang. Vladimir, plus agile que moi, est déjà arrivé en bas. Il cherche un méandre propice et m'abandonne. Ce lieu me donne des frissons. Des branchages dérivent sur l'eau écumeuse. Les flots susurrent des mots hostiles. Je marche vite, m'emporte, glisse sur les rochers algueux, perds l'équilibre et tombe à l'eau jusqu'à la taille. Le courant me paralyse. Le froid m'agresse. Mes pieds s'enlisent dans le sable dense comme du béton. Je tente de ramer avec les bras. Impossible de me déloger. Je ralentis ma respiration et remonte la manivelle de ma machine intérieure pour me redonner des forces. À la cinquième tentative, je m'agrippe à une racine flottante et m'extrais. Vladimir lui, n'a rien vu, absorbé par sa pêche infructueuse. Si un homme se noie, il ne faut pas venir à son secours, disent les Nenets. Il appartient déjà à l'hôte des eaux. Il ne faut pas inverser le cours du destin des autres.

Des images de noyades se bousculent dans ma tête. Un esprit habite cette rivière et ce n'est pas un tendre.

Les nuages avancent. Les arbres se balancent dans le vent de plus en plus vite. La pluie tombe dru. Grelottante, je me réfugie sous le pont. Vladimir me rejoint. Il n'est pas à l'aise. Lui aussi pense que cet endroit sent le malheur. Je change d'habits pour me changer les idées.

Le pont frémit. Un véhicule arrive. Nous sautons sur la route. Un camion de sable s'arrête. Une Nenets aux cheveux aubergine nous tend la main.

« Montez ! Où allez-vous ?

— Nous marchons vers le nord.

— Pour quoi faire ?

— Pour rencontrer des Nenets.

— Mais je suis une Nenets ! Je m'appelle Liouda. »

Liouda m'adopte instantanément mais n'accorde aucune attention à Vladimir.

« Nous allons dans la toundra en vezdyékhod, tout à l'heure. Vous pourriez venir avec nous. Il faut en discuter. »

Après quelques minutes de route, nous arrivons devant une maison bricolée avec des planches. Assis sur le seuil, deux Nenets et un Russe boivent du thé et mangent du poisson cru avec les doigts. Le mari de Liouda se lève et me serre une main molle. L'autre Nenets et le Russe nous saluent de la tête.

Liouda échange quelques mots avec son mari Tolik. Ils s'apprêtent à faire le traditionnel troc de nourriture contre bois de rennes. Tolik nous demande de jurer que nous ne parlerons jamais de leur *bizness*. Vladimir promet aussi de les aider si l'engin tombe en panne. Le vezdyéhkhod, c'est comme la moto Oural, ça démarre une fois sur deux et il faut demander gentiment.

Tolik et Liouda ont perdu leur troupeau de rennes, il y a cinq ans. À présent, ils vivent à Salekhard mais je ne saurai jamais de quoi. On me hisse dans le ventre entôlé du vezdyéhkhod. Vladimir, lui, s'assied avec le chauffeur. Je me ménage une place dans la section arrière cloisonnée, parmi les caisses de pâtes et de vodka. Il n'y a qu'une minuscule lucarne éclaboussée de boue. Oh ! Je ne suis pas sûre de vouloir rester là. Trop tard. Ils verrouillent la porte. Le moteur démarre avec fracas. Pas de coton pour me boucher les oreilles. Les piles de caisses m'entourent. Tours de Pise menaçantes. Je peine à respirer. J'essaie de crier, mais le vacarme du moteur domine. Je vais mourir d'asphyxie, ensevelie sous des cartons de supermarché. Ridicule. Il y a des jours où les souffrances viennent en grappe. Nous traversons un cours d'eau. Silence béni. L'engin a calé. Mes geôliers m'ouvrent la porte. Je me jette sur eux.

« Plus jamais vous ne me mettrez là-dedans ! »

Je poursuis le voyage ficelée sur le toit comme une

paire de skis, nez au vent. En route, nous tombons sur un couple de vieux Nenets édentés, à la crinière graisseuse, paysans brueghéliens. Ils déambulent vers notre blindé, nous achètent six bouteilles de vodka et tournent les talons. Le paysage est austère. Pas une étoile dans le ciel. Les courbes de l'Oural s'éloignent. Nous naviguons dans le gris. Mais Tolik sait où il va. Il connaît bien la région. Sa famille nomadise ici depuis toujours. Nous roulons jusqu'au matin.

Le vezdyékhod s'arrête près de la rivière Baïdarata qui se jette dans la mer arctique de Kara. Un homme vêtu de peaux aide une femme et son bébé à monter dans une barque. Ils traversent le cours d'eau à la rame.

« Ensuite, ce sera notre tour », dit Liouda.

L'homme est l'un des deux frères de Tolik, le mari de Liouda. Nous embarquons. Le frère rame énergiquement pour contrer le courant. Vladimir, lui, reste sur la rive. Il montera la garde du vezdyékhod avec le chauffeur russe. La vie des clans nenets ne le passionne pas. Peut-être aura-t-il disparu à mon retour ? J'en cultive le souhait en secret. De toute façon, il ne reste avec moi que parce qu'il a promis aux autorités qu'il m'accompagnerait. Sinon, nous nous serions quittés depuis longtemps.

Depuis que je me suis fait attaquer par un cours d'eau (et je pèse mes mots), j'ai peur des flots. Je trouve cette rivière houleuse et profonde. J'ai hâte d'arriver.

Nous sommes enfin au sec, dans l'herbe, quand une immense cacophonie s'élève. Je me retourne. Des centaines de rennes se sont jetés à l'eau. Ils nagent aussi bien que les chevaux. Menés par leur chef, couronné de bois, ils forment le « v » des oiseaux migrateurs. Au milieu de la masse de cervidés, je repère un renne qui se ravise avant de plonger et fait demi-tour, comme un fou sur une autoroute qui déciderait d'aller dans le sens inverse. L'éleveur le rattrape et le force à suivre le troupeau.

Je n'ai jamais vu autant de rennes. Il doit y en avoir au moins deux ou trois mille. Quelques-uns tirent des traîneaux. Des petits rennes se font emporter par le courant. Carambolage à l'arrivée. Les rennes n'arrivent pas tous à sauter du premier coup sur la terre ferme. Chacun attend que le prochain grimpe pour passer à son tour. Une fois dans l'herbe, ils s'ébrouent pour se sécher. Les mères cherchent leurs petits, à l'odeur et aux sons. Cris poignants dans la brume. Je suis bouleversée par cette intelligence animale. Certaines mères adoptent un orphelin par dépit. Tristesse infinie ! D'autres vont tenter d'oublier leur peine en volant un bébé qui a retrouvé sa mère – sans succès. Dure vie de renne.

Les deux tchoums sont montés en un quart d'heure. Les frères de Tolik habitent avec leurs femmes respectives et leurs enfants dans des tchoums séparés. Il fait en dessous de zéro. Le clan prend du repos. Nous sommes arrivés au petit matin. Je suis un ver qui se glisse dans son sac de couchage.

Des heures plus tard, le sol vibre. Tambour de rennes galopant. Symphonie de brame. Hommes et femmes émettent d'étranges *« tigiligiliiiiii »* pour rassembler les bêtes. Chacun est planté aux quatre coins du troupeau pour empêcher les rennes de sortir des rangs. Je participe à l'exercice. Les éleveurs attrapent les bêtes une à une au lasso par la patte et les bois. Chaque animal est couché sur son flanc. Un homme s'accroupit sur lui, un autre lui scie les bois. Les moignons pleurent rouge. À cette époque de l'année, les bois sont duveteux et irrigués de sang.

« Nous n'avons pas d'élastiques pour arrêter le sang, me dit Liouda agressivement, sentant que je la juge. Nous les avons oubliés. »

Les rennes amputés sanglotent en silence. Ils respirent vite et ne bougent pas, serrés les uns près des autres. Je souffre avec eux. Leurs bois ont été mal coupés. La scie devait être rouillée. Des lambeaux de peau pendent encore. Des rennes vont en mourir. Boucherie absurde.

De l'autre côté du pôle, certains chasseurs inuit demandent la permission à une bête avant de l'abattre. Si elle se laisse capturer, c'est qu'elle a donné son accord et meurt en paix. Nulle intelligence de la sorte, ici. Les hommes attrapent les rennes avec un empressement qui laisse peu de place au rituel. Liouda me lance des regards qui m'avertissent que je ne dois pas m'impatroniser dans ses affaires.

« Nous aussi nous devons manger », me dit-elle.

Le bois de renne est un commerce qui rapporte, surtout aux intermédiaires.

Le bain de sang terminé, deux femmes d'un tchoum voisin marchent vers moi et m'invitent à boire le thé.

Je les rejoins le soir venu. Elles me servent du renne bouilli et de la vodka. Nous partageons le même *rioumochka*[1]. En face de moi, Katya, une belle Nenets au visage moucheté de taches de rousseur et sa fille sylphide de huit ans. Katya a quitté son mari et ne veut plus rien avoir à faire avec les hommes.

« Il n'y a pas d'amour dans la toundra, soupire-t-elle.

— Pourquoi ?

— Parce que les hommes sont des monstres. »

Katya s'est mariée. Elle a fait son devoir. La suite n'a pas marché.

Les épousailles représentent une étape dans la vie d'une femme de la toundra aussi essentielle que l'enfantement. Nul besoin de trouver l'âme sœur : ce sont les parents qui décident et leur désobéir n'est pas envisageable. Il faut accepter la venue d'un homme dans sa vie et dans sa couche, même s'il n'est pas beau, même s'il sent le vieux chien. Refuser, c'est contrarier les ancêtres. Beaucoup de jeunes femmes fuient la toundra, préférant se construire une vie ailleurs, dans un village, plutôt que de rejoindre une famille qui n'est pas la leur et vivre avec un homme qu'elles n'aiment pas. Mais Katya ne supportait pas la ville. Alors, elle est restée dans les plaines avec sa fille. Elle ne sait pas si son mari vit encore.

Katya vit avec son frère, resté vieux garçon. Les hommes, eux, naissent avec le devoir de s'occuper de leurs sœurs. Katya et son frère partagent leur tchoum avec un vieil homme et sa fille. Tels des manchots regroupés en colonie pour se protéger du froid, ensemble ils forment le clan des esseulés de la

1. Petit verre.

toundra. Ils passent l'été sur les rives de la Baïdarata et l'hiver dans la taïga, près de l'estuaire de l'Ob. Leurs cousins s'occupent de leurs rennes et leur donnent de l'argent de temps en temps. Ils vivent de troc et de pêche.

« Les hommes sont plus libres que les femmes, dit Katya. Certains se marient par nécessité la première fois, puis par passion la deuxième. Ils gardent avec eux leur première femme si elle ne veut pas partir. Les épouses se répartissent les tâches domestiques. C'est le cas d'un voisin : il dort un soir d'un côté du tchoum et le lendemain de l'autre. Il a la belle vie ! »

Je m'endors auprès de Katya. Au petit matin, notre tente est un sauna. Il doit faire au moins 28 °C. Hier encore, le froid perçait à travers mon blouson de plumes d'oie. J'ai une envie folle de prendre un bain dans la rivière. Je m'y rends discrètement. Les Nenets ne se baignent jamais. Ils trouveraient mon initiative étrange. Je me déshabille et me trempe dans l'eau fraîche. Je souhaite me réconcilier avec les flots qui m'ont fait si peur avant-hier. Je nage sans maillot, mes cheveux ondulent sur mon dos. L'eau argileuse file entre mes membres. J'espère que ma baignade n'offense pas l'esprit de la rivière. Par prudence, je ne m'éloigne pas trop de la rive herbeuse. En sortant, je suis une nouvelle femme. Je ne regarde pas mon reflet dans l'eau, car les miroirs absorbent notre énergie, m'a dit l'un des Nenets du clan. De retour au tchoum de Katya, sa fille s'amuse à me faire des tresses de squaw. Je me maquille. Gloss et Rimmel – parée pour une marche solitaire.

J'évite Liouda. L'inimitié entre nous grandit. Je crois qu'elle s'est mise à me détester aussi vite qu'elle avait commencé à m'aimer. La fille du vieil homme qui partage la tente de Katya avance dans ma direction.

« Je m'appelle Irina », me dit-elle.

Irina a des gestes brusques et masculins et les yeux noirs comme une nuit sans lune. Habillée d'un survêtement, cette Calamity Jane de la toundra fait fi de l'élégance des femmes du Nord. Elle a vingt-deux ans et les mains d'une vieille femme. Sa peau est cuivrée et épaisse comme du cuir. Ses doigts courts et cornés me racontent une vie rude et mince en loisirs. Irina n'a pas eu beaucoup d'amies. La toundra est sa bulle. Jamais allée à l'école, elle ne connaît que quelques mots de russe. Nous parlons avec les yeux et les mains. Le courant passe. Je la suis dans son tchoum.

Irina extrait un magnétophone d'une pile d'habits. Des chants nenets rythmés s'élèvent. Sans prévenir, elle se trémousse et je l'accompagne. Nos têtes tournent, nos deux corps s'entrecroisent, nos bras dessinent des ronds au-dessus du feu. Alertées par la musique, Katya et sa fille se joignent à notre ronde. Nous nous laissons porter par la musique et explorons à tâtons notre nouvelle amitié. J'échange des regards complices avec Katya et Irina. Tolik entre dans la tente par curiosité. Les filles lui barrent le chemin en lui expliquant que les hommes ne sont pas admis dans notre night-club de la toundra. Nous rions. La musique est coupée. Le père d'Irina pénètre dans le tchoum et nous parle sévèrement, du haut de ses quatre-vingts ans. Il a une tête de chouette et des yeux aigue-marine.

« Il ne faut jamais toucher l'homme soviétique, dit-il en passant la main dans ses cheveux blancs. Essaie et tu verras ! »

Il répète ces deux phrases sans cesse. Il fait allusion aux persécutions des Soviets. Ses souvenirs le rendent fou. Tolik revient dans le tchoum.

« Il est vieux, dit-il. Il faut le laisser tranquille. Il a raison, il ne faut pas discuter avec les Russes. »

Liouda entre à son tour et nous annonce sèchement que nous repartons demain. Je n'ai pas du tout envie de reprendre la route. Destin du voyageur que de ne jamais pouvoir s'accrocher à quelque chose. Sans cesse arriver et repartir, arriver et repartir, ne pas s'arrêter, garder tendu le fil de la marche.

Avant de quitter Calamity Jane, je lui donne un mouchoir brodé qui appartenait à ma grand-mère allemande. Il m'a porté chance. Elle en aura plus besoin que moi. Elle m'embrasse tendrement et maladroitement. J'aimerais être son amie.

Je retrouve le vezdyékhod, le chauffeur russe et mon compagnon alcoolique. Vladimir n'a pas disparu comme je l'espérais. Plus que quelques jours. Pourvu que je tienne. Je n'ai jamais voyagé si longtemps avec un homme que je ne supportais pas. Je ne sais pas de quoi je suis capable. Je teste ma patience. Nous repartons. Très vite, je reconnais le paysage de l'aller. Nous croisons les mêmes traîneaux abandonnés sur la plaine et longeons les mêmes monts. Tout confirme que nous sommes sur la route du retour. Personne ne m'a rien dit. Je ne suis pas maître de l'itinéraire. Une chouette épervière virevolte à nos côtés à l'affût de lemmings et de musaraignes. Notre passage ne l'effraie pas. Elle fond comme un jet et se cabre, les serres vides. Le rapace nous accompagne puis disparaît. La plaine s'endort sous les feux du soir et se redore au petit matin. Je m'assoupis sur le toit du vezdyékhod à côté du mari de Liouda. Soudain, Liouda hurle : « Astrid, descends ! Prends tes affaires. Va-t'en ! »

Quel esprit mauvais lui a rendu visite ? Je n'arrive pas à le croire. Liouda n'a pas l'air de plaisanter.

« On va attendre longtemps ? » crie-t-elle encore.

Vladimir est abasourdi. Nous sommes en pleine toundra, à une trentaine de kilomètres de la ligne de chemin de fer. Tolik prend un air de renne battu et ne vient pas à mon secours. Vladimir condamne Liouda du regard mais ne dit rien. C'est elle qui commande. Nous exécutons ses ordres et marchons en direction de la ligne de chemin de fer de Bovanenkovo. Le grondement du vezdyékhod s'évanouit peu à peu. Je remonte mes grenouillères jusqu'en haut des cuisses pour traverser les rivières. La marche me réveille.

« À mon avis, tu parlais trop avec son mari, dit Vladimir. Maintenant, tu sais ce que c'est qu'une Nenets jalouse. Tu l'as cherché. »

Pauvre Tolik ! Il m'avait confié qu'il se sentait renaître lorsqu'il était dans la toundra. Il flirtait avec l'idée de retourner y vivre. Elle lui manquait tellement. Il souhaitait retrouver un style de vie plus simple et vrai. Liouda s'y opposait. Le nid de la ville était devenu trop douillet pour le quitter.

Nous atteignons la voie ferrée pendant la nuit. Pas une maison en vue. Nous nous bâtissons un lit de branchages. Le vent purifie nos poumons et nos pensées. Nous gisons sur le sol, immobiles - deux petits points noirs dans l'herbe.

Laborovoï

Le lendemain, changement de cap : le sud ! Il est temps de rentrer à Salekhard si je veux attraper l'hélicoptère de Babin, le vice-gouverneur de la région. Notre marche est cadencée par les bornes kilométriques de la voie ferrée. Quatre-vingt-dix-sept kilomètres, quatre-vingt-quinze kilomètres... Nous nous approchons d'Obskaya, la tête de ligne. Vladimir avance loin devant. J'ai assez d'espace vital pour réfléchir. Avaler ces dizaines de kilomètres me fait tant de bien ! Une vraie thérapie. Le silence et le temps remettent tout en place. Il faut simplement les laisser faire.

Une maisonnette blanche surgit derrière un dépôt de gravier. Un homme ouvre la porte et nous accueille cordialement : « Entrez, entrez. Nous allions nous mettre à table, venez vous asseoir. »

Il s'appelle Micha et vit avec son fils Nicolaï, un jeune homme avenant, mais qui ne s'en doute pas. Ils nous asseyent dans leur cuisine décorée d'assiettes en bois sculpté. Menu du jour : perches et brochets des lacs environnants. Nous dévorons. Je leur raconte nos aventures, comme du temps où les voyageurs colportaient les nouvelles. Je traîne en donnant beaucoup de détails et parle doucement. Je sens que c'est ce qu'ils souhaitent.

Nos hôtes viennent d'un petit village de mineurs au sud de Vorkouta. Ils alternent un mois de travail, un mois à la maison, comme les autres cheminots. Leur quotidien parfois les plombe.

« Le plus dur, c'est l'ennui, dit Micha. À part les ours, les loups, les rapaces et quelques nomades, pas de visite. L'hiver, nous regardons la tempête à travers nos fenêtres pendant des heures. Déprime garantie ! »

Le père et le fils passent en boucle des cassettes vidéo de séries américaines mal traduites. Ils ont lu et relu tous les romans policiers sur les étagères. Leur maison, qui est en réalité une station de train, sert d'oasis dans le désert arctique. L'eau de la douche est chauffée à l'électricité, générée par un moteur diesel couvert de cambouis qui s'agite dans une cabane adjacente. Micha et Nicolaï participent à la coordination des manœuvres des trains de la voie et gèrent les dépôts de sable et de graviers. Ils se relaient jour et nuit dans un bureau équipé d'un lit et d'une radio. Un pan entier du mur de la pièce est habillé d'une carte du réseau ferré russe. Elle me donne envie de vivre dans un train. Combien d'allers-retours me faudrait-il pour dévorer pendant six mois toutes mes lectures en retard si je ne devais visiter que les villes en « bourg » comme Saint-Pétersbourg, Orenbourg et Ekaterinbourg ? Une idée de voyage pour un tour operator : « Bonjour, je voudrais traverser la Russie en ne m'arrêtant que dans les villes qui se terminent par "sk" comme Arkhangelsk, Tomsk, Novossibirsk et Tcheliabinsk. Est-ce possible ? »

Misha nous montre notre chambre. Deux vrais lits ! Je m'allonge et tente de me plonger dans l'un de leurs romans noirs. Les pages ont été légèrement effacées par ces lecteurs assidus. Je continue à ignorer la présence de Vladimir en faisant bien attention de ne pas le vexer. Il faut éviter le conflit avant Salekhard.

Sommeil profond. Chaque centimètre de mon corps se détend. Au matin, je pars marcher. Des cygnes se sont donné rendez-vous sur un lac. Je rejoins leur conférence sans les effrayer. Les nomades disent que les cygnes sont nés dans le Yamal. Cet oiseau blanc, sorti des glaces, symbolise la pureté. Il a hérité du caractère des lieux. Il en a la majesté, la superbe et la sévérité.

Deux tentes au loin. J'hésite à m'y rendre. Un attelage m'intercepte avant même que je me décide. Un éleveur en blouson de cuir descend de son traîneau et marche vers moi.

« *Zdrazvouytié !* Je peux vous aider ?

— Non merci. Tout va bien. Je viens de la station Skal'naya.

— Ah ! Chez Micha. Très bien. »

Le nomade sait qui je suis. Il vient de croiser Liouda et Tolik qui lui ont vendu du pain. Ils lui ont parlé de moi.

« Il paraît que vous êtes une représentante de Gazprom [autrement dit, le démon incarné].

— Ah ! Oui ! Cela ne se voit pas ?

— Ben, je ne peux pas vraiment dire », avoue le nomade.

Il y a encore cinq minutes, je déambulais, contemplative et insouciante. À présent, je suis une menace pour le premier venu. Ce Nenets-là ne m'invitera pas à boire le thé. Je lui demande s'il connaît Laborovoï, le village au pied de l'Oural où je compte faire escale. Il traite parfois avec la chef de ce village, Anna Nerkagui, sa patronne, là-bas. « Anna est une plaie ! dit l'éleveur. Elle nous achète des peaux et de la viande à bas prix. Nous ne pouvons pas nous débarrasser de cette femme d'affaires puissante. Avant les Russes nous exploitaient, maintenant ce sont les nôtres. »

J'ai hâte de rencontrer cette Anna. J'espère qu'elle sera là. L'éleveur rentre chez lui. Il est temps de faire demi-tour. Je reviens vers la station de train, légèrement perturbée par ses propos. Je pense à Liouda et Tolik. Je ne me croyais pas capable de me faire des ennemis dans la toundra.

Un couple de bécasseaux me salue. Oiseaux maraudeurs au long bec, ils ne me quittent pas pendant un long moment. Ils semblent vouloir me dire qu'il est dangereux de marcher seule dans la toundra. Les oiseaux ici volent toujours par paire. Ils s'attrapent et se fuient en poussant des gazouillis, peu leur importe où va la bise.

Dix heures du soir. Une brume s'est abattue sur la plaine. Mes points de repère se sont dissipés. Plus de rochers ou de monticule pour boussole. À gauche, à droite, tout droit ? Même mon instinct s'est tu. Les bécasseaux avaient raison. Mon royaume pour un guide ! Je ne suis qu'à quelques kilomètres de la maison de Micha – perdue. J'évolue des heures dans le coton. Je me bats pour n'avoir ni peur ni froid. La panique me nargue. Je marche pour ne pas lui céder. Les heures passent. Le ciel pâlit mais ne sacrifie pas à la nuit, puis la lumière regagne le terrain. J'ai oublié la fatigue. Le matin venu, je retrouve enfin la station et m'effondre sur un canapé en regardant des séries B. Le plus étonnant, c'est qu'ils ne se sont même pas inquiétés de mon absence.

« Un train va bientôt passer ! hurle Micha. *Davaï !* »

Vladimir, le rusé, a demandé de contacter le prochain convoi pour que nous puissions vite rentrer. Embrassades avec nos anges gardiens. Je leur écrirai.

Nous grimpons à bord d'une locomotive nommée *Krokodil*. Le machiniste nous demande où nous voulons descendre.

« Laborovoï ! Nous allons rencontrer Anna, la chef du village.

— Ah ! Vous voulez aller là-bas ? Très bien.

— Il n'en est pas question, enrage Vladimir. Il n'y a rien à voir à Laborovoï.

— Rentre à Salekhard, lui dis-je. Je n'ai plus besoin de toi. »

Il ne répond rien. Il ne me lâchera pas, celui-là. Je risque gros à le chasser maintenant. Il pourrait se plaindre aux autorités. La voix d'un Russe a toujours plus de poids que celle d'une étrangère. Le machiniste s'arrête devant la piste ensablée qui mène à Laborovoï. La tourbe et les feux follets ont rendu impossible la pose de rails jusqu'au village. Trois heures de marche d'approche à travers un paysage dominé par la dorsale de l'Oural et les lacs hérissés de pins.

Mes premières visions de ce hameau m'effraient : des maisons effondrées, des poubelles ouvertes, des débris étalés sur le bord de la route. Ça sent la précarité, le vice et la violence. Nous avançons. Laborovoï me rappelle un village du Far West sans les saloons et les cow-boys. Deux jeunes filles nous croisent et disparaissent dans leur cabane en bois. Elles nous épient du coin de leur fenêtre, comme si nous étions des bandits.

Vladimir va tout droit serrer la pince du seul Russe du village. Boris est un homme affable aux yeux globuleux, logé à l'étroit dans un cylindre métallique. Il s'occupe de la station électrique. Sur ses murs courbés, un poster de pin-up, un autre de saint Nicolas et de Vladimir Ilitch. Des putes, des saints, des idoles : le triptyque sacré du moujik.

Vladimir ouvre une bouteille de *Cristal* chapardée à Liouda. Les toasts commencent. Je les abandonne pour aller à la rencontre de la fameuse Anna. L'une de ses filles adoptives m'interpelle. Les voisines l'ont alertée de notre arrivée au village.

« Ma mère est trop occupée pour vous voir, me dit-elle fermement. Demain, peut-être.

— Très bien, réponds-je. J'attendrai. »

La jeune fille m'accompagne jusqu'à l'école du village. Elle ouvre les deux cadenas de l'entrée.

« Tu dormiras ici ce soir. Garde les clés pour la nuit », dit-elle en m'abandonnant.

L'atmosphère sent le fauve. J'ai atterri dans un

musée d'histoire naturelle. La pièce est remplie d'animaux empaillés. Il y en a partout, aux murs, sur les tables, sur les étagères, suspendus au plafond, par terre. Au moins une cinquantaine de regards vitreux : faucons, cygnes, renards, visons, chouettes, corbeaux. Chaque animal porte sur lui une citation gribouillée sur un bout de papier. Le canard dit : « Toi et moi nous sommes du même sang. » La mouette supplie : « Ne touchez pas à mon fils, tuez-moi plutôt. » Ce théâtre taxidermiste me donne la chair de poule.

Je poursuis ma visite et découvre une salle de prière avec des icônes de la Vierge et de Jésus. Aux murs, des lettres d'enfants. L'une d'elles est intitulée *Prière à Dieu* : « Dieu, pardonne-moi mes péchés. Aide les gens pour qu'ils aient du pain. Dieu, je te remercie. Gloire à notre père ! » Ça se complique : plus loin, dans le couloir, je tombe sur un lieu sacré nenets. Au centre, un petit arbre haubané de rubans rituels. À ses pieds, des bois de rennes empilés et une grosse pierre au visage de sorcière, enveloppée dans un châle. La juxtaposition de ces deux lieux de culte me laisse perplexe. Est-ce une farce ? Comment savoir à quel saint se vouer ? Cette école aurait pu donner à Gogol ou Odoïevski une idée de nouvelle grotesque et fantasque. Les animaux empaillés boiraient le thé pendant que les esprits donneraient des leçons aux petits Nenets. Les enfants qui sortent de cette école ne doivent pas être comme les autres. Il y a trois classes et une salle pour la sieste – ma chambre à coucher pour ce soir. Je me sens seule. J'ai peur. Impossible de fermer la porte d'entrée de l'école depuis l'intérieur. J'empile quelques chaises. Si quelqu'un entre, il fera du bruit. J'espère que personne ne sait que je dors ici à part des âmes bienveillantes. Je me suis répété mille fois que j'aurais préféré voyager seule qu'avec Vladimir. Ce soir, j'aimerais presque l'avoir à mes côtés. Hélas, il cuve chez Boris. Je me convaincs que tout ira bien. À quoi bon en douter ? Je me roule en boule au milieu de coussins de satin et attends la fin de la nuit.

Essako, le chaman

À l'aube, en allant chercher de l'eau à la fontaine, un Nenets, filet de pêche sous le bras, croise mon chemin. Il se laisse approcher. Il rencontre souvent des nomades en transit qui font le plein de provisions. Laborovoï est le seul village des environs. Il se présente : Vassili Essakovich Laptander. (Le nom de famille Laptander chez les Nenets est aussi courant que Martin chez les Français et Smith chez les Anglais...) Vassili passe sa vie entre sa maison du village et son tchoum au bord du lac. Il propose de m'y emmener – l'endroit lui est plus naturel pour recevoir. Nous empruntons un sentier boueux. Devant le tchoum, des guirlandes de filets de poissons sèchent sur une corde. Les moustiques nous assaillent. Nous nous réfugions à l'intérieur, près du feu. La femme de Vassili nous sert du thé, du *mouksoun* fumé et de l'*omoul* cru – *delikatessen* de la toundra.

« C'est la saison du moustique, dis-je pour lancer la conversation. Vous êtes souvent piqués, vous aussi ?

— Bien sûr ! Il faut se protéger, répond la femme de Vassili. C'est pour cela que j'ai ce fichu sur la tête.

— Tu connais la légende du moustique ? me demande Vassili.

— Non. »

Il boit une gorgée de thé et s'enfonce dans une épaisse peau de renne.

« Un jeune homme revient de la chasse par une belle journée d'été. Il a tué deux oies et un renard. Une femme esprit vient s'asseoir à ses côtés sur son traîneau. Elle le trouve beau, intrépide et courageux. Elle l'observe depuis longtemps. “Tu me plais, lui dit-elle, je voudrais être ta femme.” “Non, va-t'en !” lui répond le jeune homme. Son cœur est déjà pris. Il la chasse de son traîneau et poursuit sa route. Elle revient à plusieurs reprises et se fait chaque fois repousser. Comprenant qu'elle ne le laisserait jamais tranquille, le jeune homme l'invite à boire le thé. Il s'arrête dans la toundra pour faire un feu. Il lui demande de le pardonner de l'avoir si mal jugée. Lorsqu'elle s'approche de lui pour l'embrasser, il la pousse dans les flammes et ses cendres se transforment en moustiques. Les femmes continuent ainsi de se venger des hommes... Seules les femelles piquent ! »

Vassili reste silencieux un moment. Puis, tel le vent de la plaine, la conversation change de direction. Le Nenets est préoccupé par le changement climatique.

« Les étés sont devenus plus chauds et les hivers plus froids. L'hiver, les vents tièdes de l'Oural ne viennent plus jusqu'ici. L'hiver dernier, le thermomètre affichait – 58 °C, un froid record pour cette partie de la toundra traditionnellement plus tempérée. L'été, les nuages de moustiques se sont épaissis avec la hausse des températures. »

Je partage avec Vassili les préoccupations des défenseurs de la planète qui redoutent de voir la toundra se transformer en un immense marécage et libérer le méthane ainsi qu'une bonne partie des dioxydes de carbone qu'elle recèle, un phénomène qui pourrait accélérer le réchauffement. Tout l'écosystème arctique est menacé. La civilisation nenets aussi. Selon James Lovelock, Gaïa, c'est-à-dire la Terre comprise comme un organisme autonome et vivant, n'est plus capable de se régénérer comme elle l'a fait pendant des dizaines de millions d'années, abusée par l'homme. « La période que nous sommes en train de traverser rapproche Gaïa du point de crise[1] », écrit Lovelock. Mais pour Vassili, dont les antennes ont déjà capté l'ampleur des changements en cours, la crise est déjà là. Il ne reste plus qu'à prier.

Vassili aime parler de la fin du monde. Après tout, il est le fils d'Essako, dernier chaman de la toundra de Baïdarata, mort l'année dernière à cent deux ans. Essako était né paraplégique. Il avait commencé son initiation chamanique à l'adolescence. À trente et un ans, il pouvait marcher.

« Les chamans sont les médecins de l'âme, dit Vassili. Si un homme est malade, c'est qu'un esprit s'est acharné sur lui et, pour l'apaiser, le sorcier doit entrer en contact avec cet esprit. »

1. James Lovelock, *La Revanche de Gaïa, Pourquoi la Terre riposte-t-elle ?*, Paris, Flammarion, 2007, p. 84.

Le chaman canalise les énergies invisibles des mondes parallèles. Il voyage à travers d'autres dimensions pour communiquer avec ces forces imperceptibles. Parfois, il doit se transformer en animal ou en élément pour y parvenir.

Knud Rasmussen, voyageur chez les Inuits du Groenland au début du siècle dernier, en fait une belle interprétation : « Il n'y avait pas de lumière sur la terre. Tout était ténèbres et l'on ne voyait pas d'animaux. Et pourtant, il y avait sur la terre des hommes et des animaux. Mais il n'y avait pas de différence entre eux. On vivait pêle-mêle. Un homme pouvait devenir animal et un animal, homme. Il y avait des loups, des ours et des renards. Dès qu'ils s'étaient transformés en hommes, ils étaient tous semblables. Ils pouvaient avoir des habitudes différentes, mais ils parlaient la même langue, ils habitaient les mêmes maisons, chassaient de la même façon. C'est de cette époque que datent les formules magiques[1]. »

Le chamanisme fait partie de ma quête spirituelle dans le Nord sibérien. Pourrai-je un jour boire le thé avec l'un de ces maîtres des forces obscures ? Oserai-je lui parler de mes recherches de portes secrètes vers d'autres univers ? J'aimerais tant pouvoir aller jusqu'au bout de ma quête. La chance devra m'aider aussi un peu. Je ne devrais pas mais je compte secrètement dessus.

1. Knud Rasmussen, *Du Groenland au Pacifique, deux ans d'intimité avec des tribus d'esquimaux inconnus*, Paris, Éditions du Comité des travaux historiques et scientifiques, 1994. Ce texte est cité dans *Apparences trompeuses* de Giulia Bogliolo Bruna, Yvelinédition, collection « Latitude Humaine », 2007, p. 35.

Comme toute forme d'expression religieuse, le chamanisme ramène à la genèse du monde. Chaque cellule, chaque plante, chaque rivière et chaque être humain fait partie de l'univers. Nous avons tous une place dans ce système dont la compréhension dépasse notre intellect, affaibli par la raison et le besoin de preuves. Le chaman, lui, a ouvert son âme à cet ensemble cosmique. Il a accepté de croire ce que l'on ne peut voir ni même concevoir.

Grâce à ses esprits auxiliaires, le chaman guérit, prédit l'avenir et s'entretient avec les morts. Certains sont meilleurs que d'autres à ces tâches. Lorsqu'un homme devient chaman, il meurt et renaît. Son initiation est longue et douloureuse. Les esprits emmènent son âme dans d'autres mondes. Ils découpent son corps en morceaux, le dévorent et le reconstituent. Puis, le chaman renaît, capable de naviguer à travers le cosmos[1].

Le chaman, *tadebya* en nenets, est celui qui sait, celui qui se souvient et celui qui saura. Gardien de la mémoire collective, il s'abreuve de la parole des anciens et transmet ses connaissances aux jeunes. Il préserve l'histoire de son peuple qui ne passera jamais de la civilisation orale à celle de l'écrit et chante des légendes au coin du feu devant des auditeurs captivés.

Le père de Vassili était un conteur de talent. Il pouvait officier une semaine sans s'arrêter. Parfois, il faisait des concours avec ses amis. Le premier qui s'arrêtait perdait un renne. Essako gagnait souvent.

---

1. Cf. Leonid Lar, *Shamany i Bogy* (Chamans et dieux), Institut des problèmes d'assimilation dans le Nord, 1998, p. 15.

« Ce qui me manque le plus depuis la mort de mon père, me confie Vassili, ce sont ses chansons. Il en connaissait des centaines. Sa voix m'envoûtait. Le temps passait vite à ses côtés. »

D'Essako, il ne reste que ses contes et quelques idoles, à qui Vassili demande de l'aide parfois. Les idoles incarnent un esprit, celui d'un lieu, d'un élément ou d'un animal. Vassili, lui, est protégé par l'esprit du vent, celui de la rivière et par Saouré, l'esprit de l'Oural. L'idole de Saouré a été taillée dans une pierre extraite de la dernière élévation de l'Oural, lieu de sacrifice appelé Péhémal (le dernier traîneau). Dans l'imaginaire nenets, la chaîne de l'Oural est une longue caravane qui s'étend à l'infini.

Mais l'idole suprême est celle du renne. Elle est placée au-dessus des autres dans une boîte en bois, transportée sur un traîneau sacré. L'esprit du renne de Vassili se nomme Ilivya, il est sculpté dans une branche d'arbre sacré. Mais Vassili refuse d'exhiber ses idoles. Les montrer à une inconnue serait trop dangereux.

« Un jour, une femme brisa une branche d'arbre sacré pour faire un feu, dit-il. Peu de temps après, elle fut saisie de migraines et dormait sans cesse. Elle n'aurait pas dû toucher à cet arbre. Mon père lui conseilla de remplacer la branche. Elle revint avec une jeune pousse de bouleau, la planta exactement à l'endroit où elle l'avait prise et ses maux disparurent... Je me souviens aussi de la femme de mon frère qui n'arrivait pas à accoucher. Elle a souffert trois jours. Myad Poukhacha ne réussissait pas à l'aider. Alors nous avons sorti une autre idole que je ne peux te nommer. Nous avons prié longtemps et la naissance est venue. »

Les Nenets ont une représentation verticale de l'univers. Tout ce qui est bon vient du ciel, et tout ce qui est mauvais vient de la terre. Dieu, appelé Noum, règne sur les sept ciels de la toundra – les sept niveaux de paradis. Il vit au-delà du soleil, de la lune et des étoiles. Personne ne peut l'atteindre, même le chaman le plus puissant. Les Nenets s'adressent peu à lui, préférant dialoguer avec les esprits intermédiaires, appelés *héhés*.

Nga, le frère de Noum, est le dieu de la mort et des maladies. Il se nourrit de l'âme des vivants. Il règne sur les sept sous-sols de la terre, les sept niveaux de l'enfer, privés de lune et de soleil. Là, vivent les puissances maléfiques que les chamans cherchent à apaiser. Ainsi les morts ne sont-ils jamais enterrés mais couchés dans des tombeaux en bois. Leur traîneau reste près d'eux pour leurs voyages dans l'arrière-monde.

Celui qui a péché sera envoyé chez Nga, qui le jugera et le punira. Celui qui aura mené une existence bienveillante jouira au ciel d'une vie similaire à celle qu'il aura menée sur terre, en compagnie de ses proches. Mais les suicidés et ceux qui ont succombé à une mort violente ne peuvent atteindre facilement ce monde désiré. Ils errent dans les limbes. Ils sont parfois si malheureux qu'ils torturent leur famille. Quand ils n'y arrivent pas eux-mêmes, le chaman peut les guider vers leurs ancêtres.

Vassili ignore ce que l'avenir lui réserve. Ses idoles n'ont pas pu empêcher son troupeau de rennes de

Le patriarche de la première famille nenets qui m'a accueillie, Pyotr Ilitch Laptander, me montre fièrement sa tabatière en défense de mammouth. Elle a été transmise de père en fils depuis des générations. Certains Nenets attribuent des pouvoirs magiques à l'ivoire, qu'ils sculptent en amulettes ou en ustensiles. Les mammouths écumaient les plaines de Sibérie il y a encore dix mille ans. Aujourd'hui, leurs défenses affleurent sur les berges creusées par la montée des eaux.

L'hélicoptère crève le silence et vole au ras des plaines. Les rivières sont des orvets d'eau douce partant mourir à l'horizon. À bord, suspendue entre terre et nuages, je mesure la puissance de la spiritualité nenets. Pour les nomades, tout ce qui est bon vient du ciel et tout ce qui est mauvais vient du sous-sol. Dieu, appelé Noum, règne sur les sept ciels de la toundra – les sept niveaux de paradis. Il vit au-delà du soleil, de la lune et des étoiles. Personne ne peut l'atteindre, même le chaman le plus puissant. Les Nenets s'adressent peu à lui, préférant dialoguer avec les esprits intermédiaires, appelés *héhés*. Nga, le frère de Noum, est le dieu de la Mort et des Maladies. Il se nourrit de l'âme des vivants. Il règne sur les sept niveaux de l'enfer, privés de lune et de soleil, où vivent les puissances maléfiques que les chamans cherchent à apaiser.

Réveil au pied de l'Oural polaire. J'ai passé la nuit enveloppée comme un oignon dans toutes les hardes que j'ai pu trouver. Je n'ai cessé de grelotter et n'ai presque pas fermé l'œil. Le matin est venu comme une délivrance. Mes deux compagnons, Vladimir et Vladimir, ne me laisseront pas savourer longtemps ce thé chaud. Nous devons reprendre la route à pied en direction des montagnes. Une journée au cap 50°.

Dans mes bras, un laïka, gardien du troupeau de rennes. Je me demande si c'est un chien qui a du loup en lui ou un loup qui serait devenu chien.

Léna, une Nenets de 18 ans, vient gonfler les rangs de ces femmes qui songent à quitter la toundra pour la ville. Elle rêve de devenir journaliste. Mais elle sait que trouver sa place dans la société russe sera un aussi grand défi que prendre pour époux un homme qui ne boit pas. Le départ de ces filles provoque un déficit de fiancées dans le Grand Nord. Les hommes peinent à trouver leur moitié pour fonder un foyer. Il y a encore vingt ans, la plupart des femmes ne songeaient jamais à larguer les amarres. Aujourd'hui, leur exode représente une menace tout aussi sérieuse pour la survie du peuple nenets que les ambitions de Gazprom et les changements climatiques.

Les fils de l'éleveur de rennes Pyotr Ilitch Laptander ne sont jamais allés à l'école. Leur père craignait qu'ils n'en reviennent pas. Prokopyé, 24 ans (le dernier en partant de la droite), m'a dit qu'il ne savait lire que les billets de banque. Lorsqu'il était adolescent, il pensait que sa famille et ses amis étaient les seuls habitants de la planète. Ils ne croisaient jamais personne. Certains Nenets vivent encore en autarcie. Un jour, l'un d'eux a demandé à un chef de clan comment s'appelait le tsar actuel. La toundra est assez grande pour que l'histoire s'y engloutisse.

Vladimir, mon compagnon de route. Ancien biologiste, il a tout balancé – son passé et ses espérances – pour vivre dans la toundra, seul avec son chat Vassia. Il a construit une cabane au pied des montagnes et se nourrit de vodka et du produit de sa chasse. Nous avançons en canot à moteur sur la Malaïa Oussa, en direction de l'Oural polaire. Vladimir sait où habitent les nomades de la région. Nous partons à leur rencontre.

Un grand-père nenets et son petit-fils se partagent un festin de renne cru. À la manière des Inuits canadiens, ils tranchent de leur coutelas la viande qu'ils mordent à pleines dents. La chair et le sang pourvoient aux besoins vitaminiques. Mais les missionnaires baptistes qui sillonnent la région en quête de nouvelles ouailles interdisent aux Nenets de manger du renne cru et de boire du sang au nom d'obscurs dogmes bibliques.

Dans la toundra, les femmes ne se reposent jamais. Si le nomadisme est garant de liberté, il entraîne aussi une charge écrasante de tâches quotidiennes. Certaines femmes rêveraient de poser le fardeau. Mais se relâcher, c'est mettre en péril les rennes – clé de la survie et raison d'être des Nenets. Pour procurer aux bêtes des pâtures fraîches, les Nenets transhument généralement tous les deux ou trois jours l'été et toutes les deux ou trois semaines l'hiver.

Si les femmes songent à quitter la toundra pour une nouvelle vie, les hommes, eux, ne se précipitent pas vers les villages. Maîtres d'un espace infini en même temps que de leur destin, pourquoi quitteraient-ils les plaines ? La toundra fait d'un homme un homme. Elle l'établit dans sa vérité, lui donne sa fierté. Chaque journée apporte son lot de pièges : traîneau brisé, attaque de chiens sauvages, morsures du blizzard. Survivre jusqu'au soir est un exploit sans cesse renouvelé. Au village, les hommes se sentent inutiles. Ils boivent pour faire passer le temps.

La micheline qui s'avance vers moi s'appelle *Krokodil*. Je suis en train de faire du train-stop. Les cheminots, amicaux, me feront gagner des centaines de kilomètres. Cette ligne de chemin de fer fuse vers Bovanenkovo, l'un des plus grands gisements de gaz de Russie, en pleine péninsule du Yamal. Bientôt, ce site constituera une nouvelle pompe à dollars et contribuera à nourrir les ambitions géopolitiques du Kremlin.
Mais le permafrost n'est pas propice à la construction de la voie. La toundra recrache les rails. Les remblais s'écroulent. La terre est mouvante. L'été, elle fond et se gorge d'eau. L'hiver, elle se fige. Pourtant Moscou en a décidé ainsi : ce projet sera achevé et la ligne de chemin de fer de Bovanenkovo, la plus septentrionale du monde, s'étirera bien au-dessus du cercle polaire arctique, presque jusqu'au 70e parallèle.

Cette femme nenets accepte de me présenter Myad Poukhacha, l'esprit gardien du tchoum. La poupée veille au bien-être du foyer. Elle protège les femmes lors de l'accouchement et prend soin de l'âme du nouveau-né. Myad Poukhacha se transmet lors des noces. La mariée dispose de sept jours pour lui confectionner un nouveau manteau. Elle devra s'en occuper comme d'une sœur. Faite à partir de morceaux d'une autre poupée, Myad Poukhacha est dépositaire de l'énergie de la famille.

Cet intrépide éleveur de rennes khant fait partie de la grande famille finno-ougrienne qui regroupe les Hongrois, les Komis, les Finlandais et les Estoniens. À l'aube du Ier millénaire, les Khanty nomadisaient à travers les steppes d'Asie centrale. Certains ont migré vers le nord tandis que d'autres incurvaient leur route vers l'ouest et l'Europe. Plusieurs Khanty de ce clan ont épousé des femmes nenets. Aujourd'hui, leurs enfants parlent un mélange de khant et de nenets, deux langues tout à fait distinctes.

Cette glacière a été creusée par les déportés, au pic et à la pelle, pendant plus de dix ans, dans les années 1950. Avec ses trois kilomètres de galeries, cette glacière naturelle est la plus grande du monde. Il y fait moins 9 °C l'été et moins 12 °C l'hiver. Au sol, les stries laissées par les pics à glace sont la signature posthume anonyme de ces forçats du Goulag. Ces cavités lugubres devraient figurer sur la liste du patrimoine mondial de l'Unesco. Elles témoignent à la fois de l'horreur des camps et du courage des déportés. Aujourd'hui, la glacière contribue à la prospérité des villageois de Novy Port, qui y stockent leurs réserves de poisson. Mais si le climat poursuit son réchauffement, la glacière se transformera en fondrière et les maisons de Novy Port s'écrouleront. Quelques-unes s'affaissent déjà.

Les plages arctiques de mes rêves… transformées en déchetteries. Les industriels russes n'ont pas de sens moral. Ils vivent dans l'idée que l'immensité épongera leurs saletés. La montée de l'industrie vers le Nord a défiguré la toundra. J'ai vu fleurir des dizaines de sites d'exploitation de gaz et pourrir des épaves de bateaux à l'abandon. C'est aussi sur ces plages que les Soviets ont abandonné à leur sort des milliers de déportés. Parmi eux, il y avait des Français. Pour l'État, jeter ces réprouvés sur les rivages arctiques était une façon de coloniser le Nord. Les exilés creusaient dans le sable des *zemlyankis*, habitations souterraines dans lesquelles ils s'entassaient pour se réchauffer. Certains s'entre-dévorèrent.

Toutes les photos appartiennent à la collection de l'auteur.

Je viens de me baigner dans la rivière, loin du regard des hommes du clan. Une adolescente nenets m'a fait des tresses de squaw. Voyager dans la toundra n'empêche pas de soigner son élégance. Les femmes nenets ne sacrifient jamais leur beauté sur l'autel de la rigueur arctique. Je m'inspire de ce principe. Jamais une marche forcée sans mon gloss et mon rimmel.

périr il y a quelques années. Une vague de froid a recouvert la toundra d'une chape de glace. Les bêtes ne pouvaient plus atteindre le lichen. Un renne peut survivre une semaine sans manger. Au bout de dix jours, les siens étaient tous morts.

« Lorsque je suis arrivé à Laborovoï, j'ai eu beaucoup de mal à m'accommoder de cette maison, me raconte-t-il. Je me sentais au cachot avec ces murs et ces plafonds ! »

Vassili travaille maintenant pour Anna. Il estime beaucoup la chef du village. Elle l'a aidé à reconstruire sa vie. Il fabrique des traîneaux miniatures pour les magasins de souvenirs de Salekhard et enseigne son savoir-faire aux enfants de l'école de Laborovoï. Il distribue également aux nomades de la région des médicaments pour les chiens et les rennes et effectue des recensements de troupeaux pour l'administration du Yamal. Malgré ses quatre emplois, il peine à nourrir sa famille.

Vassili me raccompagne à l'école étrange où je vais tenter de passer une autre nuit. Vladimir, lui, vit des heures joyeuses à gobelotter avec Boris.

Le lendemain, je tente encore une fois de rencontrer la fameuse Anna. Un vezdyékhod est garé devant son chalet. Je frappe à sa porte. Rien. Je marche un peu. Quelques minutes plus tard, une femme à tête de vouivre me crie de sa terrasse :

« Qu'est-ce que tu veux ?

— J'ai tellement entendu parler de vous ! Je voulais vous rencontrer.

— Je n'ai rien à te dire.

— Je voulais que vous me racontiez l'histoire de votre école. Elle est incroyable !

— Tout ce que je fais, c'est grâce à Dieu. Il n'y a rien à ajouter. Tu as besoin d'un moyen de transport ?

— Non.

— Alors, si tu n'as besoin de rien, va-t'en. »

Anna rentre chez elle en claquant la porte.

Je reviens à l'école, déconfite. Vladimir fait irruption dans la classe où je me suis attablée pour écrire.

« Il est temps de partir, annonce-t-il. Ça suffit, Laborovoï !

— OK, tu as raison. »

Vladimir a demandé à un Nenets du village de nous conduire en voiture jusqu'à la gare la plus proche. De là, nous hélerons un train pour Obskaya. Assis dans sa fourgonnette, le Nenets nous raconte qu'il est arrivé un malheur chez Anna – un meurtre au fusil de chasse, dans sa propre maison, il y a quatre jours. L'un de ses cousins est impliqué. Je ne dois pas chercher à en savoir plus, mais je comprends mieux à présent le comportement d'Anna.

Nous sautons dans la première micheline. Elle roule vers le sud. Nous mettrons la nuit à atteindre Obskaya, somnolant à moitié.

Vers 5 heures du matin, un peu avant l'arrivée, j'entame la conversation avec Youri, le machiniste chauve au nez cassé. Sans réfléchir, je lui pose cette question : « Que pensez-vous du gouvernement russe aujourd'hui[1] ?

1. Nous sommes en 2006, sous le deuxième gouvernement de Vladimir Poutine.

— Selon moi, la Russie ne va bien que lorsqu'elle est dirigée par une main forte comme celle de Pierre Le Grand ou de Staline. S'il y a un faible au Kremlin comme Gorbatchev ou Eltsine, le pays va dans la mauvaise direction. C'est aussi simple que cela.

— Et Poutine ?

— Poutine, lui, je le crois fort, dit-il en souriant. C'est une bonne chose pour nous. La question maintenant est : qui va le remplacer ? Tout ce que l'on en sait, c'est qu'il aura des cheveux sur la tête.

— Comment cela ?

— Vous ne connaissez pas la théorie de l'alternance entre le chauve et le chevelu ? me répond-il. Nicolas II chevelu, Lénine chauve, Staline chevelu, Khrouchtchev chauve, Brejnev chevelu, Andropov chauve, Tchernenko chevelu, Gorbatchev chauve, Elstine chevelu. Poutine devient de plus en plus chauve. »

Ce cheminot ouvre des horizons. Un champ d'études insoupçonné ! La ligne du parti compte moins que celle du cuir chevelu. Enfin une explication rationnelle du cours de l'histoire. Vive le déterminisme capillaire !

Vladimir et moi descendons au petit matin avant le terminus car le machiniste ne veut pas avoir à fournir d'explications. Peu de maisons aux alentours. Sur la route, nous cherchons un bus ou un taxi improvisé. Vladimir se met encore une fois en colère. Il ne veut plus retourner dans la toundra et souhaite m'empêcher de le faire.

« Rentrons à Vorkouta, dit-il.

— Rentre tout seul, si tu veux. Tu bois trop ! »

Je marche devant lui prestement. Il me rattrape, me donne un grand coup dans les omoplates puis un autre dans les fesses. Je m'écroule par terre, pliée de douleur. Je n'ai jamais été frappée ainsi. Enragée, je veux lui répondre, mais il a peut-être une lame sur lui. Je choisis la fuite et cours aussi vite que je peux, malgré mon gros sac à dos. J'arrête la première voiture qui passe et saute dedans. Elle démarre au moment où Vladimir saisit la poignée. Furieux, il reste planté au milieu de la route. Je ne le reverrai jamais. Les séparations importantes se font toujours de façon étrange.

Le clan Salinder

Arrivée à Salekhard, je me rends chez Lioudmila Lipatova, une journaliste recommandée par l'un de mes amis russes. Elle accepte de me cacher pendant deux jours, le temps que je reprenne des forces. Selon elle, Vladimir, comme bien des hommes, ne supportait pas l'autorité d'une femme. Il a craqué.

Coup de téléphone aux sbires du vice-gouverneur Babin. Comme promis, ils acceptent de m'emmener en hélicoptère dans la toundra. Nous avons rendez-vous à l'aéroport ultramoderne de Salekhard. Un homme en costume cravate vient à ma rencontre et m'escorte jusqu'à l'appareil. Les rayons X repèrent mes fusées anti-ours, des fusées de détresse de marins. Les hommes de la sécurité me laissent les emporter. Ils savent qu'elles pourraient m'être utiles. Dans la cabine de l'hélicoptère Air Yamal sont chargés des sacs de pain, des caisses de bière et autres produits qui seront échangés contre des bois et de la viande de rennes. Nous survolons la baie de l'Ob. Je ne verrai rien de la toundra.

Halte au village côtier de Panaïevsk pour faire le

plein. Yamal signifie la fin de la terre en nenets. Une inscription peinte sur un mur d'immeuble dit le contraire : « Le Yamal, ce n'est pas la fin de la terre mais le début. » Le monde vu du Nord.

Les Russes me lâchent à deux cents kilomètres de Salekhard dans un camp de six tchoums. Ils me souhaitent bonne chance. Les nomades se précipitent pour saisir les vivres et agissent comme si je n'étais pas là. L'hélicoptère reviendra dans une semaine ramasser les cuissots de rennes et les bois. La terre est plate, ouverte, couleur bronze. Un homme encapuchonné vient vers moi. Il a des yeux doux et la démarche légère.

« Je suis Vladimir Salinder, le chef de la brigade. Ce soir, tu dormiras dans notre tchoum. »

Le clan se prépare à nomadiser. Les tentes ont été démontées, les affaires rangées et les rennes alignés. Une à une, les familles forment la caravane. Un mille-pattes d'hommes et de bêtes s'apprête à traverser la plaine.

Je grimpe sur le traîneau d'une adolescente nenets. La toundra est gorgée d'eau. Chaque pas de rennes déclenche des vaguelettes dans la terre spongieuse. Nous sommes en haute mer. Le vent nous ébouriffe. Ma jeune coéquipière, vêtue d'un manteau à col de renard blanc, aiguillonne les bêtes avec une perche et siffle comme un pygargue. Le renne attelé le plus à gauche commande les quatre autres. Devant et derrière nous, des dizaines de bêtes nous escortent. Notre convoi est une ligne de vie dans une main ouverte.

Le voyage dure toute la journée. Nous nous arrêtons en haut d'une colline tapissée d'herbe dominant deux lacs. L'endroit est idéal pour camper. Les nomades ne choisissent pas leur route de migration au hasard. Les rennes non plus.

Le tchoum est monté. Les coussins et les matelas entassés. Le froid me torture. Je suis tombée dans un étang tout à l'heure. Mon pantalon est trempé. Il ne faut jamais porter de jean dans la toundra ! La coquetterie ici peut coûter cher. Je me dévêts et j'étends mes habits mouillés sur la barre de fer à laquelle sont suspendues les marmites et la théière au-dessus des braises.

« Non, non, c'est interdit ! me prévient Yana, la jeune fille qui m'a fait traverser la toundra sur son traîneau.

— Ah bon ?

— Oui, les femmes n'ont pas le droit de suspendre ce qu'elles portent en dessous de la ceinture. La partie basse d'une femme est sale. Il nous est interdit d'enjamber quoi que ce soit. Nous devons éviter tout ce qui traîne, comme les attelages et les aiguillons de traîncau.

— Mais tout à l'heure, j'ai enjambé un aiguillon, lui dis-je.

— La première fois, il pardonne, me répond Yana, sans me préciser qui est ce “il”. »

Même chez les animistes, la femme est source de péchés... Yana déroule une litanie d'interdits. La représentante du sexe faible ne doit pas non plus faire le tour du tchoum. Elle ne doit pas s'approcher du traîneau sacré ou participer aux rituels, elle pourrait vexer les esprits. La vie de femme est pleine d'embûches. Je mesure mieux pourquoi Katya, cette mère seule de la toundra de Baïdarata, pensait que les femmes étaient défavorisées. Que de tabous inventés par les hommes ! Lorsqu'une Nenets a ses règles, elle dort isolée dans le tchoum. Les Inuits du Canada pensent aussi que les menstruations salissent. Comme les Nenets, ils cultivent un bon nombre de superstitions et de tabous. Par exemple, ils pensent qu'une femme inuit ne doit pas avoir de contact avec du gibier lorsqu'elle a ses règles.

La petite sœur de Yana ne fait pas du tout attention à notre conversation. Elle joue à la dînette avec une autre fillette. Ensemble, elles ont fabriqué des poupées avec des becs de canard en guise de tête et des morceaux de tissu cousus pour le reste du corps. Les capsules de bouteille servent d'assiettes. Elles s'inventent des histoires à voix basse. Les poupées sont allongées sur des peaux de renne, comme les adultes dans le tchoum. L'une prépare le thé pendant que l'autre nettoie le plancher. À dix ans, leur monde n'a pas encore été pollué par les mesquineries d'adultes.

Je sors du tchoum, une énigme en tête. Chaque fois que je m'assieds pour noircir le papier, mon stylo ne marche pas. Mon écriture est illisible. Je demande souvent qu'on me prête de quoi écrire. Y a-t-il des esprits qui ne souhaitent pas que je consigne mes souvenirs et mes impressions sur la toundra ? Quel tabou ai-je donc violé ? Quel génie ai-je offensé ? Est-ce une coïncidence ? L'atmosphère humide ramollit peut-être le papier et dilue l'encre ou le crayon. À force de disserter sur les esprits, je m'invente des histoires... J'ai perdu mes gants tout à l'heure en coupant du bois. Je dois traverser une turbulence énergétique. Le ciel s'éclaircira bientôt.

Des centaines de rennes paissent près du lac, ramenés par Vladimir, le chef de la brigade. Il pénètre dans le tchoum. Je le rejoins. Il a l'air fatigué. Nous buvons le thé sans échanger un mot. Le silence exprime le respect de l'autre et j'aime le faire durer. Sa femme nous sourit. Des fossettes égayent son visage lisse et rosé. Je m'endors lovée près de la jeune Yana, enveloppée de manteaux de peaux de renne comme une poupée sacrée.

Au réveil, Vladimir m'assaille de questions. D'où je viens, pourquoi je suis là ? Est-ce que je vis confortablement ? Je lui réponds le plus sincèrement possible. Une fois qu'il sait un peu mieux qui je suis, il accepte de parler de choses qui fâchent telles que Gazprom.

« Nous sommes contre ce projet d'exploitation de gaz de Bovanenkovo ! dit Vladimir comme s'il s'exprimait au nom des Nenets. La péninsule du Yamal a été vendue à Gazprom. Bientôt, il y aura des gazoducs, des routes et des chemins de fer partout. Combien de temps nous reste-t-il ? C'est la question. Et quand il n'y aura plus de gaz, serons-nous toujours là ? »

Les Nenets vivent sur le plus grand gisement de gaz du monde. J'aimerais penser que, s'ils ont survécu jusqu'à maintenant, ils pourront résister aux nouvelles menaces des industriels du gaz. Mais Vladimir est inquiet. En forant les sous-sols de la toundra, Gazprom pourrait libérer du sous-sol des esprits maléfiques et des maladies enfouies depuis longtemps. Le géant gazier pourrait ramener à la surface des spores d'anthrax. Connue aussi sous le nom de maladie du charbon, le *Bacillus anthracis* a décimé des centaines de rennes et d'éleveurs au cours du siècle dernier. Non traité, il tue en quelques jours. Cette bactérie se conserve plus de cent ans dans le sol gelé. En Occident, les éleveurs vaccinent encore leur bétail contre l'anthrax.

« Les *gazoviki* [ouvriers du gaz] sont inconscients ! crie Vladimir. Ils ne savent pas ce qu'ils font ! »

Les gens de Gazprom répondront que toutes les précautions nécessaires ont été prises...

Les nomades sont persuadés que la terre a une âme. Attaquée par des pelleteuses et des têtes foreuses, elle se vengera. On constate déjà des dérèglements climatiques. Si tous les peuples du monde étaient animistes, la planète se porterait mieux.

Serge Latouche, dans *Le Pari de la décroissance*, souligne cette évidence. Nous visons la croissance infinie en tout – de l'économie à la performance des hommes et des machines – mais les ressources de la terre, elles, sont finies. « Sous le masque de la croissance se dissimule, en fait, la création de la pénurie », nous avertit l'environnementaliste Vandana Shiva, citée par Latouche[1].

Sentinelles du réchauffement climatique, les nomades pâtissent aussi des problèmes causés par une croissance incontrôlée de leurs troupeaux de rennes. Pollués par l'idée selon laquelle « plus, c'est toujours

1. Serge Latouche, *Le Pari de la décroissance*, Paris, Fayard, 2006, p. 250.

mieux », ils subissent les conséquences du dogme économiciste. Certaines brigades conduisent jusqu'à quatre mille têtes. Dans les sillons de leur passage, les plaines sont dévastées, le lichen ne repousse plus. Même sans Gazprom, la terre des derniers nomades de Sibérie s'étrécit. Les pâtures se font de plus en plus rares. Trop de rennes tuent le renne.

« Les bêtes grandissent maigres et petites. Elles tirent le traîneau plus faiblement que lorsque j'étais jeune », remarque l'un des frères aînés de Vladimir, venu s'asseoir avec nous pour prendre part à la discussion.

Les deux hommes pensent que les nomades devraient s'imposer des limites de taille, comme le faisaient les communistes sur leurs cheptels privés. Ironie des tristes sorts : le régime a contribué, sans le vouloir, à la conservation des pâtures arctiques. En quelque sorte, Moscou a protégé les hommes de leur insatiable soif de richesse. Mais le communisme, comme le capitalisme, vise la croissance infinie de la puissance productive, objectif irréconciliable avec nos réserves limitées. Nous sommes sans doute la première génération à vivre avec la notion d'échéance, à voir poindre la fin de la Terre telle que nous l'avons connue, à se dire que notre survie à long terme est menacée. Certaines femmes en Occident en viennent même à se demander si elles devraient mettre des enfants au monde. Mais l'instinct de reproduction est une force irrépressible. Ma grand-mère paternelle a mis trois enfants au monde pendant la Deuxième Guerre mondiale, en pleine campagne du Mecklenbourg, dans le nord de l'Allemagne. Elle donnait vie alors que tout s'écroulait autour d'elle. Elle tombait enceinte lorsque son mari rentrait du front. Il n'y aurait jamais assez d'espoir dans le monde sans les femmes.

Si les Nenets vivent au bord du monde, d'autres peuples s'approchent du bord de l'abîme. Les nomades de l'Arctique subissent en temps réel la catastrophe climatique et démographique que nous redoutons pour nous-mêmes demain. Qu'on leur donne la parole ! Mais les écoutera-t-on ?

Un brouillard épais étouffe la toundra. Notre tchoum est martelé par la pluie. On ne voit rien à deux mètres. Les hommes du clan discutent et fument, d'autres jouent aux cartes. Pendant ce temps, les femmes œuvrent sans relâche. L'une répare un manteau, une autre coud une capuche, une troisième fabrique du fil avec des tendons de renne. Je me joins à la tâche. La petite sœur de Yana m'apprend à tanner une peau de renne. Puis je malaxe la peau dans tous les sens en un mouvement répétitif pour l'assouplir.

À travers l'embrasure de l'entrée du tchoum, je regarde les nuages glisser au-dessus des lacs. Deux rennes domestiques entrent dans la tente. Nourris à la main, ils se sentent chez eux. Les enfants d'éleveur adoptent parfois quelques rennes qui ont perdu leur mère. Yana leur donne du lichen qu'elle a cueilli pour eux. Ils s'asseyent près de nous un court instant, comme s'ils voulaient savoir de quoi nous parlions, puis ressortent.

La jeune Yana s'applique à coudre une cuissarde. Elle rêverait de faire autre chose que de la couture le restant de sa vie. Plus tard, elle souhaiterait devenir institutrice à Salekhard. Yana est attirée par le confort urbain. Là-bas, pas besoin de faire du feu ou de chercher de l'eau tous les jours. Mais quitter sa famille serait une déchirure.

« La vie est dure ici, on ne s'arrête jamais. Au village, on peut se reposer. Il y a plein de filles nenets dans ma classe qui voudraient vivre à Salekhard. On pourrait se soutenir les unes les autres. »

Yana est lucide. Elle n'a que seize ans mais sait déjà que dénicher un travail sera un aussi grand défi que trouver sa place dans la société russe et prendre pour époux un homme qui ne boit pas trop. Il y a encore vingt ans, beaucoup de femmes nées dans la toundra ne songeaient pas à larguer les amarres. Choisir ne faisait pas partie de leur système de pensée. La voie était tracée. Elles acceptaient le fardeau de la tradition. Une fois l'école terminée, elles retournaient dans la toundra, prenaient un époux et mettaient des enfants au monde. Les années passaient, leurs ongles se noircissaient, leur peau se durcissait et leurs dents s'écrêtaient. Mais elles restaient toujours belles, à leur place, dans la toundra, auprès des éleveurs de rennes. Aujourd'hui, les questions se multiplient. Pourquoi ne pas tenter de devenir quelqu'un d'autre qu'une femme de nomade ? Pourquoi ne pas créer, enseigner et construire ?

Yana fait partie de celles qui ont déjà quelques réponses. Elle se prépare à quitter la toundra pour la ville. L'exode des femmes crée un sérieux déficit de fiancées dans le Grand Nord. Les éleveurs peinent à se trouver une épouse. Un homme ne peut pas vivre dans la toundra sans renne ni femme. D'ailleurs, le départ de ces femmes vers des villes représente une menace tout aussi sérieuse pour l'avenir du peuple nenets que Gazprom et les changements climatiques.

Les jeunes garçons, eux, cultivent un regard différent. Maîtres d'un espace infini, ils ne se précipitent pas pour s'enfermer dans une maison au village. La toundra fait d'un homme un homme. Elle l'établit dans sa vérité, lui donne sa fierté. Grâce à elle, le Nenets est devenu le meilleur éleveur de rennes du monde. Ils savent parler aux bêtes et les guider. Chaque journée apporte son lot de pièges : traîneau brisé, attaque de chiens sauvages, morsures de blizzard. Survivre jusqu'au soir est un exploit sans cesse renouvelé. Au village, les hommes se sentent inutiles. Ils boivent pour faire passer le temps.

Je n'en vois pas un ici qui s'apprête à changer de vie. Les jeunes garçons autour de moi vont bientôt être en âge de se marier. Ils partiront se choisir une belle avec qui construire un tchoum et une famille. Certains auront plus de mal que d'autres à la trouver. Peut-être arriveront-ils à convaincre l'une d'elles de rester près d'eux ?

Hier, je discutais avec Artyom, l'un des plus beaux jeunes hommes du clan, pendant que son cousin lui coupait les cheveux (on tenait salon de coiffure dans la toundra). Artyom a dix-neuf ans, le front intelligent et le regard franc. Il est mi-nenets, mi-khant. Travailleur, il possède déjà un troupeau important. Il apprécie la vie de la ville grâce aux années passées à l'école de Yar Salé, dans le sud de la péninsule du Yamal. Il a aussi voyagé à travers la Russie et vécu quelque temps à Saint-Pétersbourg avec un cousin qui étudiait là-bas. Comme tous les jeunes de son âge, il écoute des CD de techno et de rock sur sa chaîne portable hi-fi et aime se vêtir à la dernière mode lorsqu'il n'est pas en habits de peau. Mais il n'a aucune envie de quitter les plaines. Sa vie est dans la toundra. Artyom s'épanouit ici, auprès de son troupeau et cela ne l'empêche pas d'aller de temps en temps au village rencontrer des amis ou chercher ce dont il a besoin. Il symbolise ce que je souhaite aux Nenets : résister à la folie du monde moderne tout en profitant du progrès, préserver des valeurs ancestrales tout en acceptant de nouveaux préceptes, s'émanciper en utilisant des talents ataviques. Évoluer avec son temps sans avoir à sacrifier son passé. Un équilibre fragile mais atteignable.

Je sors dans la brume me dégourdir les jambes et marche dans l'herbe mouillée le long du lac. Soudain, ce néant blanc me pèse. Je me sens vulnérable. J'ai envie de me terrer dans un trou comme une marmotte. Cette phrase de Pascal retentit en moi : « Le silence éternel de ces espaces infinis m'effraie. » La peur, comme l'amour, est un sentiment incompréhensible. Il n'écoute jamais notre volonté.

Un vieux Nenets rentre dans son tchoum avec un bébé chien dans les bras. Je le suis. La table est mise. Sa moitié nettoie des assiettes avec de la mousse séchée. Je lui demande ce qu'il pense de l'exode des femmes vers les villes. Il n'est pas inquiet. Parole d'homme : les femmes seront toujours là pour nous.

« On pense que c'est toujours mieux ailleurs !

Celles qui partent font le mauvais choix. Moi, il faudrait me payer cher pour que j'abandonne la toundra ! »

Il a rencontré des nomades qui vivent en autarcie et n'ont jamais vu un seul village. L'année dernière, l'un d'eux lui a demandé comment s'appelait le tsar actuel ! La toundra est encore assez grande pour que l'histoire s'y engloutisse.

« Ces hommes repliés dans leurs retraites parlent peu et ne mangent que du poisson et du renne, raconte-t-il. Même nous, ils nous ignorent. Ils ont peur des nomades qu'ils ne connaissent pas. Ils les fuient. »

Le tchoum du vieil homme est confortable, propre et bien organisé. Ses enfants nomadisent avec lui mais vivent dans leur propre tchoum. Sur une pile de coussins est confortablement installée une poupée sans tête.

« C'est mon arrière-grand-mère », dit-il.

Je commence à trouver sympathiques ces représentations physiques des ancêtres. Elles créent une présence agréable. Je les accepte comme les règles de vie de la toundra. Si tout se passe bien jusqu'ici, c'est parce que je ne crée pas de désordre. Je me suis pliée aux coutumes du clan. Les esprits n'ont donc pas de raison de se mettre en colère...

« Et avez-vous déjà croisé des baptistes ?

— Je ne veux pas leur parler. Je ne les ai jamais laissés rentrer dans mon tchoum. Ils me demanderaient de brûler mes idoles en me disant qu'elles sont le diable. C'est eux qui peuvent aller au diable ! »

Sa femme acquiesce en hochant la tête.

« Il y a quelques années, mon frère est parti seul à la chasse à l'oie, raconte-t-il. Un soir, il est tombé sur deux tchoums vides et a passé la nuit sous l'un d'eux. Le lendemain, plus de tchoums. À leur place, deux cercueils en bois sur le sol. Le traîneau de mon frère était toujours là, ses rennes aussi. Quelques mètres plus loin, se dressait un lieu sacré qu'il n'avait pas remarqué la veille, une montagne de bois de rennes haubanés de rubans. En son cœur, une rangée de sept idoles en bois. Il leur versa de la vodka et leur laissa quelques verres. Au moment où il reprit la route, les idoles se mirent à chanter et lui dirent : "Heureusement que tu t'es arrêté près de nous, car si tu continuais ton chemin, tu aurais été attaqué par deux esprits maléfiques qui rôdent là-bas. Ils auraient pu te tuer. Mais, si tu changes de direction et vas par là, il ne t'arrivera rien." Il suivit leur conseil et revint sain et sauf pour me raconter l'histoire. »

Un lieu sacré est un temple vivant, un symbole de la vie éternelle. Les esprits y descendent pour parler à l'homme. Ici, une parole prononcée aux esprits est comme une parole prononcée à un autre homme[1]. Certains lieux irradient la force divine, un arbre aux bras implorant le ciel, une motte d'herbe intensément fleurie.

Le brouillard s'est dissipé. La lumière perce les nuages. La vie du clan poursuit son cours à l'extérieur.

---

1. Leonid Lar, *Kultovye pamyatniki Yamala Khebedyeya* (Les Monuments de culte du Yamal Khébedyeya), Tioumen, Institut des problèmes d'assimilation du Nord, 2003, p. 3.

Un garçon tire sur des canettes avec un lance-pierres. Un Khant taille des lanières d'attelage, assis sur son traîneau pendant qu'un autre rabote une planche en bois pour en faire des patins d'été. Milya, la fille du chef âgée de six ans, construit un tchoum pour sa poupée en plastique achetée au village. À côté d'elle, deux jeunes garçons se bagarrent et crient à l'aide. Leurs parents n'y prêtent aucune attention.

Le temps passe vite mais s'écoule lentement. Les journées se répètent et ne sont jamais tout à fait les mêmes. Ce clan vogue sur un radeau en pleine mer. Chaque membre contribue à sa façon au bien-être du groupe : les anciens apportent leurs contes, les jeunes filles leurs talents de couseuses, les enfants leurs rires, les grands-mères leur esprit critique et les hommes leur dévouement aux rennes. Il y a toujours quelqu'un avec qui travailler, jouer, rire ou pleurer.

Je mettrai la semaine à faire la connaissance de tous mes hôtes, soit une trentaine. Les membres de ce clan me donnent beaucoup et n'attendent rien de moi. Je me sens acceptée. Je n'aurais jamais imaginé nos échanges si faciles, si fluides et si naturels. Je me prépare toujours au pire. Grâce à cela, tout se passe bien.

Je rentre dans le tchoum de Liouba, une Khant aux yeux verts mariée à un Nenets. Âgée de quarante-six ans, elle passe déjà pour une grand-mère. Je reste assise à côté d'elle, près du feu, sans rien dire. Au bout de quelques heures, nous osons les mots. Je lui raconte ce que j'écris, elle partage avec moi ses anxiétés.

« Mon mari et moi avons déjà l'âge de la retraite, dit-elle. Mais nous n'avons pas encore envie de quitter la toundra. Nous sommes sur une liste d'attente pour obtenir un appartement. L'été dernier, nous avons vécu à Yar Salé quelques semaines. Le matin, nous voyions toujours les mêmes maisons, marchions dans les mêmes rues. Dans la toundra, nous changeons de paysage au moins tous les trois ou quatre jours. C'est tellement mieux !

Liouba sent ses forces la quitter mais le moment n'est pas encore venu d'abandonner la terre de ses ancêtres.

« J'ai dix enfants, poursuit-elle, dont neuf nés dans la toundra. La seule fois que j'ai accouché dans un hôpital, j'ai eu une hémorragie. Alors, je n'y suis jamais retournée. »

Cette fois-là, il manquait sa poupée sacrée, Myad Poukhacha, la gardienne de l'esprit du tchoum, celle qui veille au bon déroulement de la naissance.

« Ces poupées, ce sont des choses de Nenets, mais je sens qu'elles m'aident. J'en ai deux, une qui m'a été offerte par la famille de mon mari et une autre que nous avons trouvée. On l'a ramassée sur notre route de migration. Elle voulait peut-être quitter sa famille et a sauté du traîneau ! Je lui ai cousu une nouvelle *yagoushka* [manteau d'hiver de femme] et elle vit avec nous depuis. »

Je me sens bien avec Liouba. Je profite autant de ses silences que de sa conversation. Elle fait partie de ces êtres dont le cœur est une douce flamme auprès de laquelle il fait bon se réchauffer. Son mari pénètre dans le tchoum, saisit son poste de radio émetteur et le connecte à l'extérieur à une antenne aussi grande qu'un filet de badminton. À deux heures tous les jours, le clan écoute les nouvelles des villages et des autres clans aux alentours. J'apprends ainsi qu'un hélicoptère doit passer me prendre demain, si la météo le permet.

C'est l'appel du départ. Tout se précipite. Les jeunes filles veulent me montrer leurs plus beaux atours, confectionnés pendant l'été. Une à une, elles enfilent leur manteau d'hiver. Défilé de mode dans l'herbe. Elles se cambrent et se dandinent devant moi, sans ambiguïté – une grâce qui ne se dévoile qu'entre femmes. Un regard d'homme la tuerait.

Dernier soir, dernières heures d'intimité dans l'immensité. Assise sur un traîneau, je contemple l'horizon. Il n'y a que le ciel, la terre et moi. Les nuages tracent des zébrures pourpres. Les plaines s'étirent jusqu'à la mer. Je l'imagine sombre et orageuse. L'air me caresse. Le temps s'est arrêté. Je ne percerai jamais les secrets de ces confins sibériens, même si je restais ici toute ma vie. Je reviendrai. L'appel du Nord résonne toujours en moi. La toundra a encore beaucoup de choses à m'apprendre. D'autres dimensions m'invitent au bord de la Terre.

Je lève la tête. Les Nenets disent que le ciel est un lac. De notre monde du milieu, nous n'en voyons que le fond. Il n'est pas encore temps de remonter à la surface.

2007

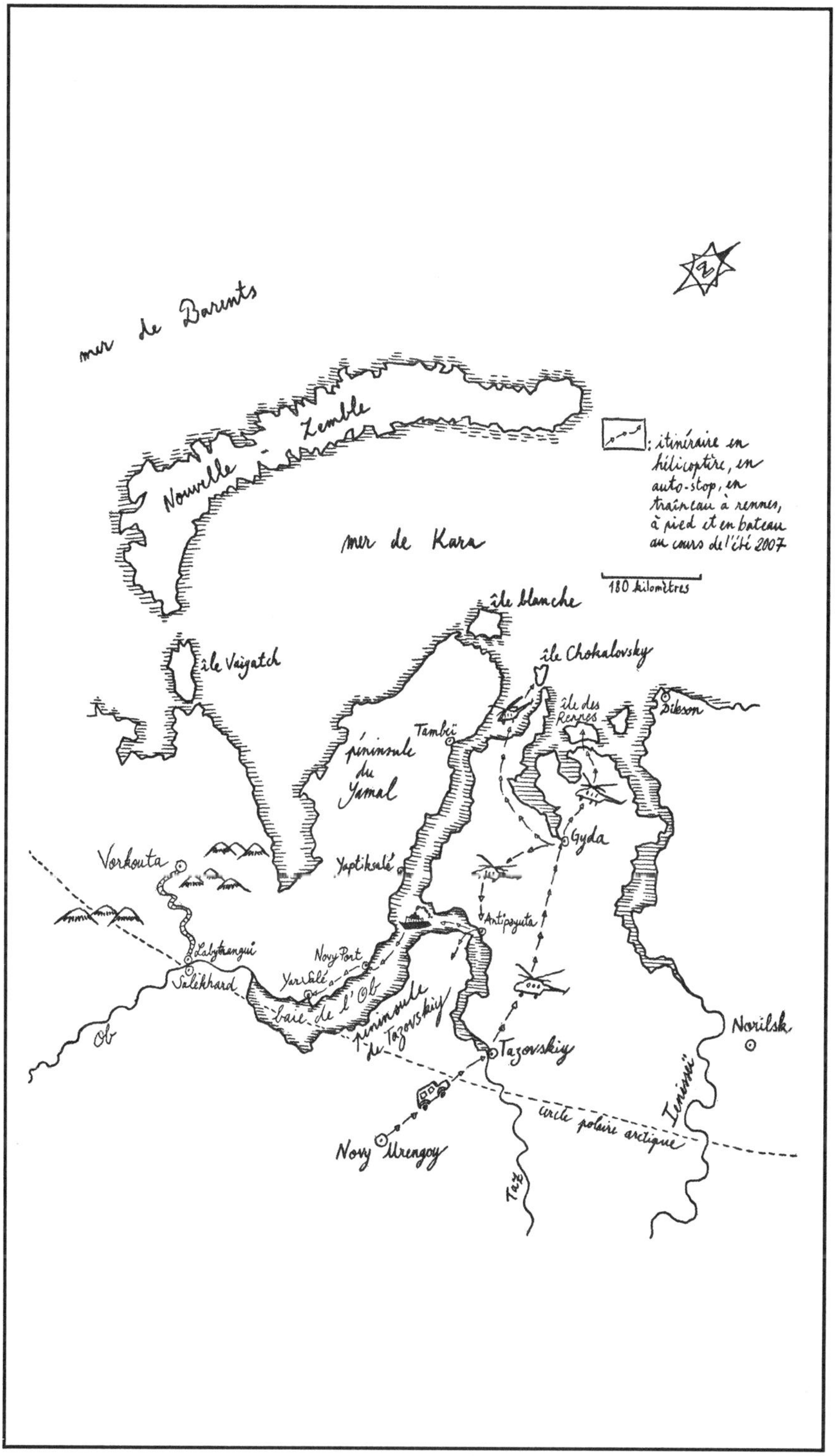

mer de Barents
Nouvelle Zemble
: itinéraire en hélicoptère, en auto-stop, en traîneau à rennes, à pied et en bateau au cours de l'été 2007
mer de Kara
180 kilomètres
île blanche
île Vaïgatch
île Chokalovsky
île des Rennes
Dikson
Tambeï
péninsule du Yamal
Gyda
Vorkouta
Yaptiksalé
Antipayuta
Labytnangui
Novy Port
Yar-Salé
Salekhard
baie de l'Ob
péninsule de Tazovskiy
Ob
Tazovskiy
Norilsk
Ienisseï
cercle polaire arctique
Novy Urengoy
Taz

Novy Urengoy

Novy Urengoy doit sa naissance au froid. Les hommes n'y sont pour rien. Un coup de tête du ciel, selon la légende. Un soir, Noum volait au-dessus des plaines de Sibérie. Le froid mordait. Voulant cacher ses mains dans les plis de son manteau, il ouvrit les bras et les poches de gaz et de pétrole qu'il retenait essaimèrent dans toute la toundra. Au fil des lunes, elles pénétrèrent la terre gelée. Des printemps plus tard, les Russes les décelèrent et se déclarèrent les nouveaux maîtres de la plaine. Vision nenets de l'histoire.

Je viens d'arriver à Novy Urengoy[1] par l'avion de Salekhard. Il y a quelques instants, en descendant l'escalier branlant de l'appareil, un regard m'a transpercée. Une paire d'yeux elliptiques clignait dans le ciel : les flammes de gaz des torchères dansaient

1. *Novy* veut dire « nouveau » en russe – adjectif qui s'applique à la plupart des cités dans cette région. *Ure* signifie « où coule la rivière » en langue khant. En nenets, Urengoy s'apparente à Vyrangoy : une colline sur laquelle le vent souffle toujours très fort.

au-dessus des futaies. Elles semblaient m'avertir. De quoi, je ne sais. Je suis plus animiste que je ne le pensais.

Sans explication, ni à ma famille ni à mes amis, je suis revenue ici, au pays des nomades, des mineurs et des cow-boys du gaz, auprès desquels, telle une tête foreuse, je puise une force inextinguible. Ma route de pèlerinage mène vers le nord et l'est. Ce que je cherche se trouve dans les hautes latitudes. Mon chemin s'éclaircit au fil de mes pas. J'avance sans crainte.

Chaque année, je m'enfonce plus haut dans l'Arctique et plus loin en Sibérie, du côté asiatique de l'Oural. Aujourd'hui, en cette fin d'été 2007, un an depuis mon dernier voyage, j'ai mis le cap sur les péninsules de Gyda et de Tazovskiy. Peu de gens s'y donnent rendez-vous. Cette toundra-là est encore plus coupée du monde que celle du Yamal et de l'Oural polaire. Il n'y a ni routes, ni vezdyékhod, ni rennes à disposition... Se pose encore une fois le problème du transport. J'avais pensé me procurer l'une de ces motos-tracteurs trafiquées pour parcourir la toundra, à trois roues avec des pneus énormes. À Vorkouta, j'avais partagé des bières avec un chimiste désaxé qui passait ses week-ends à bidouiller de tels monstres. Il en avait fabriqué deux dans son garage, avec des éléments de bulldozers, de motos et de Lada. Les pneus surdimensionnés étaient renforcés de lanières de cuir. Les sièges provenaient de machines agricoles. Ses amis les empruntaient pour chasser l'ours et l'oie. Chevauchant l'engin, j'avais été aussi impressionnée qu'une bimbo dans une Maserati. Je repense souvent à ces machines. Je rêverais d'une version vélocipédique, le moyen de transport idéal pour la toundra. Je pourrais avaler des verstes sans essence, écraser les buissons avec aisance, traverser les marécages et les ruisseaux. Mon seul instrument électronique serait le GPS, pour m'aider à retrouver mon chemin lorsque les nuages étoufferaient les reliefs et les étoiles. Mais l'idée n'est pas allée plus loin qu'un plan griffonné sur le dos d'une enveloppe. Et je suis arrivée jusqu'ici avec mes jambes pour seules alliées. En cette saison, il n'y a qu'une solution : accompagner les Russes en hélicoptère lorsqu'ils vont cueillir les enfants d'éleveurs de rennes à la fin de l'été pour les déposer à l'internat du village où ils resteront jusqu'au printemps. Nadezhda, la directrice de l'école pour Nenets à Vorkouta, m'en a soufflé l'idée. Je file en taxi au musée de Novy Urengoy où j'ai rendez-vous avec une responsable de l'administration russe qui peut m'aider à participer à la moisson de petits écoliers nomades.

Novy Urengoy a jailli du sol aussi vite que l'or gris. La ville fut construite furtivement à l'aube de la perestroïka. Au début, ce n'était qu'un dortoir destiné aux employés des sites gaziers. Dans les années 1980, le gouvernement octroyait un toit chauffé à chaque travailleur. C'était toujours mieux que le Goulag.

Aujourd'hui, la course à la fortune est l'unique moteur de ses habitants. Le XXe siècle a vu le triomphe du précepte de l'*American dream* : « N'importe qui peut réussir à partir de rien. » Le XXIe, lui, s'ouvre sur l'injonction du *Russian dream* : « N'importe qui peut s'enrichir en exploitant les ressources naturelles – sans penser à demain. » Novy Urengoy symbolise la montée en puissance de l'empire énergétique sibérien. Elle offre aux travailleurs une deuxième chance de vivre mieux, celle que l'Union soviétique a promise depuis Khrouchtchev et n'a finalement jamais octroyée.

Cette ville a le charme d'un bloc opératoire. Les immeubles se succèdent comme des lits de camp, une barre de béton après l'autre. Pas un nid-de-poule sur les routes, pas une fissure sur les murs. Ni parcs, ni sculptures ou bâtisses audacieuses. Plus de cent quinze mille âmes vivent sur ce tas de sable au milieu de la taïga subarctique. Tant d'hommes et si peu de vie ! Les ouvriers sont là pour s'enrichir, pas pour s'amuser. Se priver aujourd'hui pour mieux vivre demain sont les mots d'ordre du travailleur du Nord. Sacrifier sa jeunesse pour la prospérité. Fourberie. Ces années ne reviendront plus. Les hommes consument le gaz, l'industrie du gaz consomme les hommes. Ils croient prospérer, ils se font dévorer.

À Novy Urengoy, pas de signe d'activité culturelle non plus. Tout élan artistique, contrairement au gaz, est étouffé avant de voir le jour. Le musée se réduit à une arrière-salle au fond d'un immeuble sombre. La directrice me reçoit. Une blonde à chignon natté, visage narquois, minijupe et *fuck-me boots*. Elle me fait plus penser à une secrétaire de Lukoil qu'à une conservatrice d'art sibérien. Le musée se compose d'une seule pièce aux murs couverts de tableaux dont j'apprécie surtout les cadres. Mme M. expédie pour moi une visite guidée avec un mélange d'embarras et d'ennui.

Il est 16 h 38. Le téléphone sonne. Une fonctionnaire du ministère de l'Éducation annonce que ma participation au ramassage scolaire a été approuvée. L'administration commence à me connaître depuis le temps que j'arpente avec obsession les vestiges de la déportation et les pistes de la toundra. Si je veux partir, me dit la fonctionnaire au téléphone, je dois être ce soir à Tazovskiy, un village de pêcheurs à trois cents kilomètres au nord. L'hélicoptère décolle de là-bas demain matin, à 8 heures. J'espérais un départ dans trois jours... Mais venir en Russie avec l'illusion qu'on est maître du temps est une erreur funeste.

« Vous n'avez aucune chance d'être à Tazovskiy ce soir, me dit Mme M. Les minibus sont tous déjà partis.

— Je serai à Tazovskiy ce soir, lui réponds-je. *V Rossii – vsyo vozmozhno !* En Russie, tout est possible ! »

Retour à l'aéroport pour dénicher un taxi long-courrier. Refus multiples. Un jeune endormi, un peu à l'écart, accepte mon cash. Clope au bec, MP3 à la boutonnière, il attendait le bon client depuis deux jours. Son patron pansu clopine vers nous et scelle notre accord. Je fourre mon sac à dos dans sa *zhigouli*. Face aux étendues qui nous attendent, cette voiture me paraît bien vulnérable. J'embarque.

La coccinelle retrouve la clairière : je renoue avec ce vide qui m'a tant manqué. Au fur et à mesure que nous avalons les kilomètres, le ciel saumoné s'ouvre au-dessus de nos têtes. Les pipelines de gaz nous escortent entre les mélèzes et les pins. La zhigouli glisse sur le velours du bitume laminé. Même à cent vingt kilomètres à l'heure, je ne sens aucun cahot. En quinze ans de pérégrinations à travers la Russie, je n'ai jamais vu cela. Pour moi, une route dans ce pays rime avec piste défoncée, prières et ceinture bien attachée. Ici, les rares voitures que nous croisons se dépassent sans risquer de finir dans le fossé. On se croirait sur une Autobahn entre Hanovre et Berlin. L'argent du gaz a du bon.

« Avant, nous n'avions que le *zimnik*, une route tracée dans la neige uniquement praticable en hiver, m'explique Pétya, le chauffeur. Il arrivait qu'on se perde. Le blizzard effaçait les traces et nous devions attendre des jours une accalmie avant de pouvoir reprendre la route. On emportait toujours des vivres au cas où... Cette portion vient d'être achevée. Mais vous verrez là-haut, il reste encore des parcelles de gravier. La civilisation gagne du terrain. C'est comme les portables. Avant ça ne marchait nulle part, maintenant même à Tazovskiy, on a du réseau. »

La toundra rentre dans la ronde d'un monde qui s'étrécit. L'étau se resserre. Tout se connecte. Les pays, les cultures, les idéaux et les idioties.

Nous atteignons le cercle polaire. Une statue marque le passage. Une paire de cerceaux entrecroisés en métal bleu posés à l'horizontale sur une structure en triangle. La zhigouli s'arrête. Je sors et m'incline, salut rendu au seuil d'un monde par une soupirante du septentrion... Nous sommes à la porte du Nord. Le crépuscule s'installe. La forêt susurre. Pins et mélèzes s'agitent dans le vent. Je ferais bien un tour. Je m'éloigne de la voiture pour m'approcher des arbres et écouter leur souffle. Un demi-murmure s'échappe des rameaux et flotte vers moi. Les arbres n'aiment partager leurs songes qu'avec ceux qui les estiment. Je leur parle de mes rêves arctiques. La forêt est mon boudoir préféré. Je reçois ici les intimes – ceux qui ne viennent jamais.

Je connais bien les arbres. Ils m'ont élevée. Mes racines ont été plantées dans les environs de Montréal, sur l'île Bizard. Mon copain était un chêne, à quelques mètres de la maison. Ses bras étaient toujours ouverts. J'y grimpais souvent. Il me consolait quand j'avais le cœur triste.

Au fond du jardin, entre deux érables costauds, j'avais construit une cabane – ma chambre privée. Elle était fermée par un cadenas dont j'étais la seule à connaître la combinaison – avec mes parents. De là-haut, l'île était un terrain d'aventures que j'observais passionnément. Je surveillais les oiseaux – canards, mésanges et martins-piqueurs. De temps en temps, un renard ou un raton laveur traversait le jardin. J'aimais aussi épier mes voisins. J'assistais à des scènes étranges, des scènes de haine, parfois plus cruelles qu'à la télé. L'herbe n'est pas toujours plus verte chez les autres.

Et puis il y avait le maquis près de la maison dans lequel on jouait à cache-cache et la Rivière des Prairies sur laquelle on faisait du patin l'hiver. J'ai grandi à l'époque de l'amour libre et des grandes robes à fleurs. Je coupais régulièrement mes cheveux blonds moi-même lorsque je m'ennuyais un peu, à quelques centimètres du crâne, ce qui faisait hurler ma mère. Je ne portais que des shorts et des maillots de footballeurs. Jamais de jupes. Une *tomboy*, quoi. Toute petite, j'avais déjà peu d'amies filles et répondais avec force lorsqu'un garçon me cherchait. En virée dans la forêt, je portais une cape, un bâton de marche et des bottes en plastique.

À l'île Bizard, il n'y avait ni béton ni bitume. J'aimais arpenter seule les sentiers embroussaillés. J'étais chez moi. Je me racontais des aventures et interprétais à ma façon des légendes indiennes et inuit. Je saluais humblement la rivière en pensant à l'esprit des eaux qui endormait ceux qui lui manquaient de respect. Je redoutais aussi la femme devenue serpent qui avait tenté en vain de suivre et protéger un homme qui ne l'aimait pas.

Aujourd'hui, jc profite de moments de solitude volés pour chercher l'oreille des arbres, où que je sois, dans un parc, une allée ou un jardin privé. « La nature est comme un grand clavier sur lequel nous jouons nos plus profonds sentiments, écrit Charles Taylor. Nous nous y adressons comme nous nous adresserions à la musique, pour évoquer et fortifier ce que nous avons de meilleur en nous[1]. » Pour le philosophe canadien, les hommes sont aujourd'hui à la recherche d'une nature qui leur est proche mais qu'ils ont délaissée et oubliée. Nous sommes tous en quête d'authenticité.

Je voudrais faire connaissance avec ces mélèzes de

1. Charles Taylor, *Sources of the Self, the Making of Modern Identity*, Cambridge, Harvard University Press, 1989, p. 297.

la porte du Nord. Ils ont l'air si avenants, si ouverts à la discussion, leur faîte tournoyant dans le ciel. Je passerais des heures à les regarder, à déambuler entre eux. Mais je dois poursuivre ma route. Petya m'attend, la toundra aussi. Je les salue bien bas et me retire.

Le complexe gazier de Novy Zapolyarny[1] illumine la nuit comme un arbre du Nouvel An[2]. Cocktail de lampions jaunes et blancs dans le brouillard. Nous nous en approchons rapidement, tels des insectes attirés par la lumière. Barrières à l'entrée. Gardiens en camouflage, mitraillette et cartouchière en bandoulière. Nous devons descendre de voiture. Un berger allemand me renifle la cuisse dès que je pose le pied. Contrôle des *dokoumyenty.* Je sors les sauf-conduits du FSB. C'est bon d'avoir les papiers qu'il faut lorsqu'on vous les demande.

Le gaz est devenu si stratégique que les autorisations d'entrée dans le district autonome Yamal-Nenets pour les étrangers et les Russes des autres régions sont devenues de plus en plus difficiles à obtenir. Il faut une permission spéciale du FSB, Bureau fédéral de la sécurité, le successeur du KGB. Mon passe-droit me donne accès aux principales villes des péninsules de Gyda et de Tazovskiy.

1. Zapolyarny signifie « au-dessus du cercle arctique » en russe.

2. L'athéisme communiste interdisait les fêtes de Noël alors les Russes se rabattaient sur celles du Nouvel An. Après Octobre 1917, les Rouges ont changé le calendrier pour que la Russie vive au même rythme que le reste de l'Europe. Mais les popes ont refusé d'abandonner le calendrier Julien révisé. Les pratiquants orthodoxes continuent de célébrer la naissance du Christ le 7 janvier et « le vieux nouvel an », *starii novy god,* le 13 janvier.

« Il y a eu une attaque terroriste la semaine dernière, dit Petya. La voie ferrée entre Moscou et Saint-Pétersbourg a été sabotée. Alors, la sécurité a été renforcée, surtout dans des endroits comme celui-ci. »

Les gardiens du poste de contrôle, aguerris aux rudesses de l'Arctique, attisent ma curiosité. Ils ont le teint frais.

« Ce sont des privilégiés, explique Petya. Derrière les barbelés, c'est la *gazevita.* » Trois de ses amis travaillent dans le complexe de gaz de Novy Zapolyarny. Ils se taillent le corps dans un centre sportif avec piscine et sauna, passent leurs vacances sur la mer Noire et volent sur Gazpromavia – la compagnie d'aviation de Gazprom. Dans la toundra, rien ne pousse mais on cultive ici fruits et légumes dans des serres ultra sophistiquées. Les élèves de Tazovskiy adorent passer la journée ici – l'Aquaparc de la toundra. Ces enfants-là savent pour qui ils travailleront plus tard.

« Ils vivent dans une bulle et ils y prennent goût, dit Petya de ses amis *gazoviki* – les travailleurs du gaz. Ils vivent seuls, complètement détachés de la réalité. Ils pensent qu'ils partiront dans quelques années avec de l'argent plein les poches. Mais pendant ce temps-là, ils ne voient pas leurs enfants grandir et leurs femmes prennent un amant. »

Les Soviétiques ont longtemps rejeté le système de « base vie » pratiqué dans les pays occidentaux, qui permet aux travailleurs de rentrer chez eux un mois sur deux. Mais les infrastructures nécessaires pour assurer le quotidien dans des conditions hostiles comme l'Arctique coûtent cher. Après quelques décennies, les Russes l'ont compris aussi et finalement adopté le système occidental.

Nous traversons le site sous les projecteurs. Me voici au cœur de l'arsenal de la nouvelle Russie. Celle qui peut faire trembler de froid toute l'Europe. Je m'imagine pénétrer dans une caverne « jamesbondesque » abritant des têtes de missiles nucléaires. Il y a vingt ans, les Soviétiques n'auraient jamais laissé une étrangère circuler librement dans cette région. À l'époque, l'énergie était déjà l'un des piliers de la politique étrangère du pays. Aujourd'hui, la Russie met en prison les journalistes qui publient des informations sur la taille précise de ses réserves de gaz et de pétrole – question de sécurité nationale.

Arrivée à Tazovskiy avant minuit. Irina Vladimirovna, la directrice de l'école du village, m'a attendue et m'escorte jusqu'à l'hôtel. Comme pour le musée, pas de pancarte. Il faut connaître. La maison semble plus privée que publique. J'ai l'impression d'arriver chez quelqu'un. J'enlève mes chaussures – comme cela se fait en Russie. Ma chambre rose fuchsia est apprêtée comme si j'étais une invitée de marque. Les draps croustillent de propreté. Chauffage à fond. Dehors il fait – 2 °C. Cette chambre sera mon dernier havre de confort avant un moment. Demain c'est l'inconnu, le voyage tant attendu. Je dors à moitié. Le matin arrive comme une délivrance.

« Je vous offre la nuit, me dit la directrice de l'hôtel. Revenez quand vous voulez ! »

Il reste peu d'endroits dans le monde où la venue d'un étranger signifie encore quelque chose. Des millions de Russes ont vécu barricadés de toute influence culturelle occidentale pendant plus de soixante-dix ans. Au Goulag, grâce aux prisonniers étrangers, on apprenait comment c'était « ailleurs ». Mais Tazovskiy n'est pas Touva ni Tioumen. Peu de gens poussent leur chemin jusqu'ici.

Gyda

Les hélices de l'hélico tournent déjà sur la plateforme. Le MIL 8T, libellule orange qui peuple communément le ciel de la toundra, peut contenir une trentaine de personnes rompues à la discipline des harengs en boîte. Je serre la main du commandant et grimpe à bord. Objectif : Gyda, l'un des villages les plus septentrionaux de Sibérie orientale, construit sur les côtes de la péninsule du même nom, au-dessus du 70e parallèle. Jamais, je ne me suis aventurée si au Nord. Pas un nuage dans le ciel. Je suis bénie, comme blottie au creux de la main d'un géant qui m'amène où je le désire.

À bord, deux sœurs nenets, en jeans et anoraks, immobiles comme des poupées de cire. Leurs yeux expriment un mélange de cruauté et de douceur. « Belle comme une Nenets » devrait être une expression établie. Ces femmes sont pour moi une référence et une source d'inspiration. Leur beauté sobre et subtile me fascine. Comment se fait-il qu'elles ne laissent pas ébaubi tout homme qui les croise ? Un nomade en peaux de renne et lunettes noires est assis à mes côtés. Ses mains sont couvertes de plaies et de marques violacées. Il pue l'alcool. Décollage.

L'hélico s'élève gracieusement et se dirige vers la baie de l'Ob. À travers le hublot, je laisse flotter ma pensée. Je sonde la toundra. Cette fois, je la trouve coquette. En cette saison, elle alterne entre la prune, l'isabelle et le vert bouteille. La jupe de ses plaines vole au vent, pommelée par endroits. L'hélicoptère crève le silence et vole au ras des monts. Les rivières sont des orvets d'eau douce partant mourir à l'horizon. Les lacs me font penser à des personnages de bandes dessinées. Ici, un chien acrobate qui discute avec un farfadet, là un tronc d'arbre à long nez. Trois des filles de Barbapapa se font bronzer. Je n'hallucine pas. Tout cela est bien réel. Au retour personne ne me croira.

La montée de l'industrie vers le nord a balafré la toundra. Un site d'exploitation gazière abandonné et un bateau-cadavre, partiellement dépecé, drossé à la rive, pourrissent sous le soleil.

Gyda, enfin, une tête d'épingle plantée dans la platitude. Drôle d'idée que d'élever au bord de cet estuaire une poignée de maisons grises, dés éparpillés sur le sol par un esprit qui jouait au 421. Pas d'axe ni de vraies rues. La mer semble sur le point de tout envahir.

« Il y a plus d'eau que d'habitude, remarque l'une des Nenets.

— C'est parce qu'il a fait très chaud cet été », répond sa voisine.

L'eau se libère avec la fonte du pergélisol. Si Gyda

est inondée, Moscou n'en saura jamais rien. Le pays est trop grand. Tout ne peut être relaté. Les nouvelles s'embourbent en chemin vers le centre. Pourtant, la péninsule de Gyda est plus grande qu'un canton suisse. À peine posé, les habitants se ruent vers l'hélicoptère. Certains se bousculent et tombent à côté des planches de bois sur l'herbe qui mènent vers le carré d'atterrissage. Yékaterina, l'une des institutrices nenets de l'école de Gyda, vient me trouver. Petite femme au visage volontaire, c'est elle qui s'occupe du ramassage scolaire chaque année. Elle m'invite chez elle avant notre première sortie dans la toundra.

Gyda est un village poubelle construit sur un marécage. Des passerelles de bois surélevées sinuent entre les maisons. La vase exhale des vapeurs méphitiques. Entre les herbes flottent des bouteilles vides et des sacs plastiques. Des fils téléphoniques affaissés nous coupent le chemin. Je me concentre pour ne pas tomber. De la passerelle, nous sautons dans une boue épaisse. Je m'enfonce jusqu'aux mollets. Vivre à Gyda plutôt que dans la toundra, c'est choisir de quitter un relatif purgatoire pour un enfer certain. Ineptie nenets.

Malgré la boue et les déchets, les enfants jouent, courent et font du vélo sur les passerelles. Personne, même les filles les plus coquettes, ne peut se permettre de sortir sans ses bottes en plastique.

Yékaterina m'ouvre la porte de son isba et m'invite à m'asseoir à côté d'un chat roulé en boule dans sa cuisine. Les murs en plâtre se fissurent derrière le poêle à bois. Yékaterina me tend une assiette de renne bouilli et se sert une tasse de thé. Elle le boit comme sous le tchoum, en le renversant dans la soucoupe pour le refroidir.

« Ça fait quinze ans que je vis à Gyda, mais je connais tout le monde dans la toundra, dit-elle d'un ton sûr. Pas une famille ne m'est étrangère.

— Pourquoi avez-vous choisi de vivre dans ce marais ?

— Je voulais que mes enfants aillent à l'école, mais je ne pouvais pas m'en séparer. Vous verrez, je fais un travail difficile. Nous arrachons les petits à leurs parents. C'est une expérience traumatisante. Il faut les rassurer, trouver les mots. Parfois, on leur court après. »

Son mari Alexeï rentre en claquant la porte. Un Nenets aux airs de vieux sage chinois.

« Il faut partir bientôt, dit-il. Les pilotes nous attendent. Il faut leur apporter du thé et des sandwiches. »

Je déroule mes grenouillères jusqu'en haut des cuisses et nous reprenons le même chemin boueux. Tout à Gyda – les gens, les maisons, les chiens et le ciel –, tout est gris, sale et triste. Un panneau avertit le voyageur : « Zone frontière interdite sans permission spéciale. » Il faut un sauf-conduit pour accéder au bagne !

Devant notre hélicoptère, les pilotes nous attendent, décontractés.

« Alors, comment ça va ? me demande en français le commandant, un homme à visage de poupon. Vous êtes française, non ? Nous travaillons souvent avec vos légionnaires en Afrique, ajoute-t-il en russe. Nous buvons du vin rouge ensemble et rigolons bien ! »

Son hélico passe plus de temps au Soudan et au Congo pour des missions des Nations unies qu'à l'est de l'Ob. Entre Afrique et Russie, l'engin est transporté par avion, les pales démontées. Il m'indique sur la carte où nous allons : la péninsule de Yavaï. Une tranche de terre courbée comme une queue de terrier qui se jette dans la mer de Kara.

Nous prenons les airs et je colle mon front au hublot. Yékaterina me montre du doigt quelques points noirs qui mouchètent la plaine : un troupeau de rennes sauvages galope avec puissance. Ils ont l'air plus vigoureux que les rennes domestiques.

« Il n'y a rien de pire que les rennes sauvages, dit Yékaterina. Ils distraient les autres et les attirent. Une partie du troupeau se détache et l'éleveur passe ensuite des jours à tenter de retrouver ses bêtes, parfois sans succès. »

Après quelques heures de vol, Yékaterina m'avoue que son prénom est Aninyé. En langue nenets, il signifie la « femme sans succès ». Sa mère a mis deux jours à la mettre au monde. Selon la tradition nenets, une femme perd son prénom lors de la naissance de son premier enfant. Ainsi, Aninyé est devenue « la mère de Pavel ». Une fois qu'une autre identité est créée, la mère perd la sienne. Que les Russes l'appellent Yékaterina, finalement, importe peu.

Avec nous, trois frères nomades profitent du vol pour rejoindre leur famille. Yékaterina repère deux tentes. L'hélicoptère cherche à se poser. Avant que l'appareil ne touche le sol, le copilote pousse la porte-escalier, saute à terre et guide l'appareil à grands gestes. À chaque halte, il exécutera le même manège. Deux nomades courent vers l'hélico avec des sacs dégoulinants de sang. Ils viennent d'abattre un renne et nous demandent d'apporter les cuissots à Gyda. Ils recevront du pain et d'autres vivres en échange. Yékaterina court parmi les arbrisseaux, disparaît dans un tchoum et revient avec quatre enfants. Ils portent des sacs. Leur mère les suit, les yeux mouillés. Pas un petit ne pleure.

Décollage. Les enfants ne disent rien et regardent leur tchoum s'éloigner par le hublot. Des rennes paissent près d'un lac. Un peu de vie vient de quitter la toundra.

De chaque côté de la pointe de la péninsule de Yavaï, la mer est houleuse, le vent déchaîné. Dans la toundra, un amas de bois de rennes indique un lieu sacré propice aux sacrifices et aux prières. Nous atterrissons près d'une maison énigmatique au perron planté d'un tchoum. Elle symbolise la juxtaposition de deux mondes, celui du nomade et celui du sédentaire. Difficile de choisir entre les deux pour les Nenets qui se tiennent sur la corde raide. Certains n'ont pas de rennes et vivent maigrement de pêche et d'échanges avec les éleveurs. Ils préfèrent survivre dans la toundra que de grossir les rangs de fous et d'alcooliques dans les villages. Un thorax de cervidé sèche sur un banc. Cinq enfants sortent de la maison. Ils abandonnent leur manteau de peau pour des anoraks sales et troués et montent à bord, résignés.

Nous exécuterons plusieurs sauts de puce comme celui-ci au cours de la journée. À chaque fois, le cordon sera coupé et les enfants quitteront leur foyer. Les nomades détectent le vrombissement de l'appareil bien avant qu'il ne touche terre, ce qui leur donne quelques minutes pour préparer le départ de leurs enfants. En cette période de l'année, les petits n'ont pas le droit de jouer loin de la tente. L'hélicoptère peut arriver d'une minute à l'autre. Nous avons récupéré des écoliers âgés de six à dix-sept ans. Jusqu'ici, aucun ne s'est rebellé. Ils se sont alignés sur les bancs de l'hélico, les petits sur les genoux des plus grands. Ils portent les marques d'une vie passée dehors, le visage et les mains brunies par le soleil et le froid, les cheveux ébouriffés. Une odeur de peau de renne mouillée et de feu de bois embaume la cabine. Du tchoum, ils ont emporté le parfum. Il s'estompera bientôt.

Les trois frères nomades montés à Gyda ont repéré leur tente au loin. Ils connaissent bien la route de migration de leur famille et savent où chercher. L'hélicoptère se pose. Je saute avec eux et marche vers le camp. Une défense de mammouth de deux mètres est adossée à un traîneau.

« Il y en a plein dans la toundra, dit l'un des frères. Celle-ci a été trouvée par mon père. Souvent, elles affleurent sur les berges creusées par la montée des eaux. Mais c'est difficile d'en tirer un bon prix. On se fait rouler. »

Ces pachydermes aux longs poils écumaient les plaines il y a encore dix mille ans. Étrange que leurs restes aient attendu si longtemps pour sortir de terre. Encore un message envoyé par Gaïa pour alerter des bouleversements climatiques. Les Nenets utilisent l'ivoire des défenses de mammouths pour faire des amulettes, des tabatières et des sculptures. Certains prétendent aussi qu'elles ont des pouvoirs magiques.

Le soleil va se coucher. Notre moisson s'élève à vingt-trois enfants. Yékaterina a inscrit le nom, le prénom et l'âge de chacun dans un cahier qu'elle remettra au directeur de l'école. Nous revenons à Gyda. Je dîne seule à la cafétéria dans le brouhaha des écoliers. Ma cuillère repose dans une soupe blanche, graisseuse et insipide.

L'institutrice m'escorte jusqu'au bureau du dortoir de l'école qui me servira de chambre. Ma cellule comporte un lit et un évier. Je lave quelques affaires et m'allonge avec *Les Temps sauvages* de Kessel. J'éteins la lumière et observe la pièce. Les yeux mi-clos, je devine des reflets d'eau sur le sol. Je me lève et rallume. Ma chambre est inondée ! Le courant me mène vers l'évier. J'ouvre la porte sous le lavabo. L'eau s'est écoulée dans un seau qui a débordé. Les Russes se sont préoccupés de faire venir l'eau courante jusqu'ici mais pas de l'évacuer. Je sacrifie un T-shirt et passe la nuit à éponger. Je repense à ce que disait Natalia, ma mère russe de Nijni Novgorod : « Laver le sol lave la pensée. »

Drôle d'endroit Gyda. Je n'ai jamais été si proche du bord du monde dont j'ai tant rêvé, et pourtant ici, j'ai constamment le cafard. Le paradis boréal ne peut se trouver dans ces parages... Je dois chercher plus loin. Je dors sans rêver.

Le lendemain, la voix de Yékaterina brise mon sommeil.

« La brume est trop épaisse. Nous ne pourrons pas décoller ce matin. Nous ferons une autre tentative cet après-midi. »

Je retrouve Yékaterina à la cafétéria. Elle insiste pour me montrer le village. Nous marchons sur la plage, jonchée de bois flottés et de métaux rouillés. Les sables de l'Arctique servent de vide-ordures.

« En 1942, les Soviétiques ont amené ici deux cent quarante-huit personnes, me raconte-t-elle, transportées dans une barge. Parmi eux, il y avait une Française. Ils ont déposé tout le monde sur la rive, fusil dans le dos, et les ont abandonnés sans habits chauds ni outils. Ils leur ont dit : “Maintenant vous allez vivre ici” et ils sont repartis. »

Pourquoi ne les ont-ils pas tués ? Après les travaux comme le canal de la mer Blanche ou Construction 501 – cette tentative de relier les villes subarctiques par voie ferrée – je découvre la version à bas coût du Goulag stalinien. Une autre façon de coloniser le Nord et de se débarrasser des indésirables.

« Épuisés par le voyage en bateau, des dizaines de déportés se couchaient sur la plage, continue Yékaterina. Les plus forts se relevaient, les autres finissaient un peu plus loin, au cimetière. »

Elle tient ce récit de ses parents. Les Russes, eux, ne racontent rien. À Gyda vit encore le fils de l'un de ces déportés. Il ignore presque tout du passé de son père. La mémoire collective a été effacée, plus encore qu'à Vorkouta.

Les déportés vivaient dans des zemlyankis, des habitations souterraines dans lesquelles ils s'entassaient pour se réchauffer. Certains ont dû s'entre-dévorer.

Sur l'île de Nazino au milieu de l'Ob, l'île de la mort, il y eut des douzaines de cas de cannibalisme au début des années 1930[1].

Dans la région du Yamal, les nomades ont été témoins des conditions atroces dans lesquelles vivaient ces déportés. Ils en avaient peur. S'ils les aidaient, ils pouvaient être fusillés par les autorités. Les Nenets choisissaient parfois de tuer un évadé. Ils risquaient trop gros à le garder chez eux. Mais d'autres clans ont aussi pris le parti de sauver des prisonniers. La toundra est pleine de récits de miracles. Et certains zeks n'ont jamais voulu quitter les plaines. Ils y étaient plus en sécurité que s'ils rentraient chez eux.

Le village de Gyda fut construit pour mieux contrôler la collectivisation de l'élevage de rennes de la région. La réforme communiste fit couler beaucoup de sang et atomisa les familles. Des centaines de nomades furent envoyés en prisons et leurs petits à l'internat pour devenir de bons sujets soviétiques.

Yékaterina fut ainsi traînée de force à l'internat de Gyda à l'âge de sept ans dans les années 1960. Elle s'en souvient encore.

« Ce fut le moment le plus horrible de ma vie. Un jour, trois grosses dames sont venues me chercher. Je ne parlais pas russe. Lorsque je suis arrivée à l'internat, il faisait très froid. De la buée sortait de ma bouche lorsque je parlais. Il n'y avait qu'un feu de bois pour tout le dortoir. Le soir, je pleurais dans mon

1. Nicolas Werth, *L'Île aux Cannibales, 1933, une déportation-abandon en Sibérie*, Paris, Perrin, 2006.

lit en pensant à ma mère. Je faisais tout ce que je pouvais pour ne pas faire de bruit. »

Tous les jours, elle allait chercher de l'eau à la rivière. L'hiver, de temps en temps, un homme ravitaillait l'école avec un grand bac tiré par un cheval et les enfants se lavaient dans le froid. Ceux qui refusaient étaient punis, enfermés ou privés de nourriture.

L'expérience de Yékaterina me fait penser à celle d'Anastasia Lapsui, une Nenets talentueuse que j'ai rencontrée grâce à la journaliste Lioudmila Lipatova de Salekhard. Née dans une famille d'éleveur de rennes, Anastasia est devenue metteur en scène et productrice de films reconnue. Anastasia, comme Yékaterina, fut arrachée des bras de sa mère à l'âge de raison. Dans l'un de ses récits, elle raconte qu'on lui donna des bottes de feutre trop grandes et qu'on lui rasa la tête pour chasser les poux. « Sur le sol gisent mes deux tresses, jetées négligemment. Je glisse depuis la chaise haute. Je veux ramasser ces tresses inanimées. Mais d'un coup de pied, la femme les envoie dans un coin. Le froid de la lame des ciseaux pénètre mon cœur, me transperce jusqu'aux talons... On n'a pas le droit de pleurer dans un internat, mais que puis-je faire si mon cœur fond en larmes, si je n'ai pas la force de réprimer mes sanglots ? Il faut pleurer sans bruit. Personne ne me prendra dans ses bras. Il y a seulement des rires, et puis mon crâne nu que l'on caresse[1]. »

---

1. Anastasia Lapsui, « Les Sept Chants de la toundra », traduction de Dominique Samson Normand de Chambourg dans *Gris-France : Siglia, Revue transdisciplinaire franco-portugaise*

Les choses ont peu évolué. Ce matin, j'ai vu les écoliers se laver à l'eau glacée dans des lavabos communaux. L'unique douche du village se trouve dans la station électrique qui marche au diesel. Il faut demander poliment pour l'utiliser. Ici, pas de vraies toilettes non plus. Celles de l'école sont un plancher de bois avec un trou. Je les évite autant que possible.

« Pourquoi Gyda est devenu ce que je vois ?

— Parce que les gens ont pris de mauvaises habitudes », me répond évasivement Yékaterina.

En d'autres termes, ils ont sacrifié leur amour-propre par amour pour la bouteille.

Dans la cuisine de Yékaterina, je discute avec son fils Pavel, étudiant en sociologie à l'université de Tobolsk, au sud de la Sibérie occidentale. Court sur pattes, il a des yeux de mouche dans une tête ronde. Comme sa mère, il a fréquenté l'école de Gyda.

« Ici, les professeurs ne vous apprennent rien, dit Pavel. Ils nous envoient les pires. Les Russes se moquent totalement des autochtones. Les éleveurs de rennes n'ont pas besoin de savoir lire. Certains professeurs expulsent les mauvais éléments. Ils ne veulent pas perdre leur temps. Moi, c'est grâce aux leçons de ma mère que je suis rentré à l'université. Sinon, je n'avais aucune chance. »

Du temps de Yékaterina, l'internat n'avait pas d'électricité mais l'enseignement y était rigoureux. Chaque citoyen de l'Union avait droit à la même

---

sur le secret, Secret des Sens, automne-hiver 2006, p. 130-131. Lire aussi Anastasia Lapsui, *Chto ostalos za kadrom* (Ce qui est resté derrière la caméra), Salekhard, Krasniy Séver, 2007.

éducation, qu'il habitât au nord du cercle arctique ou au sud, sur les rivages de la mer Noire ou du Pacifique. Frais émoulus de l'école, s'ils n'étaient pas mariés, les professeurs étaient envoyés dans des villages perdus comme Gyda. Ils devaient s'acquitter de deux ou trois années d'enseignement avant de pouvoir rentrer. Certains y faisaient leur vie, faute de mieux.

Selon Pavel, plus de la moitié des enfants en âge d'aller à l'école reste dans la toundra chaque année. La route de migration du renne ne croise pas toujours celle de la rentrée des classes. Pour certains chefs de clan, la pâture fraîche des bêtes vaut beaucoup plus qu'un hypothétique diplôme pour ses enfants.

« La situation est absurde, dit Pavel. Les parents se séparent de leurs petits pour leur donner un avenir, mais lorsqu'ils sortent de l'école, ils en ont encore moins. Au sein de la Fédération de Russie, les Nenets occupent deux régions, le district autonome Yamal-Nenets (où nous sommes) et le district autonome Nenets. Si nous les réunissions, nous pourrions former un pays indépendant et être aussi puissants que les Chinois ou les Japonais. Les Russes nous respecteraient enfin ! »

Pavel voudrait changer les choses. La discrimination contre les Nenets l'indigne. Je sens en lui une âme rebelle. Il a le feu au cœur. Son idée est aussi belle que chimérique. Les Russes ne laisseront jamais les Nenets s'unir et faire sécession. Il suffit de voir ce qu'ils font subir aux Tchétchènes et aux Géorgiens. En contraste avec ces peuples du Caucase, les Nenets ne sont pas du tout organisés politiquement. Ils n'ont pas de chef charismatique. Leurs représentants sont nommés par les Russes. Bien payés, ils font tout ce qu'on leur demande pour sauver leur poste, parfois au détriment des leurs. Ils savent qu'ils ne peuvent pas gagner. Les Russes dégainent facilement. L'écho des fusillades des Soviets résonne encore.

Si le FSB apprenait ce qu'il vient de me dire, Pavel aurait quelques ennuis[1]. Il n'y a pas si longtemps, on déportait pour moins que cela. Je suis arrivée ici avec un immense optimisme à l'égard de l'avenir des Nenets. Tout n'est pas noir. C'est pire.

« Il y a beaucoup de filles qui ne savent plus qui croire ou quoi faire de leur vie, raconte Pavel. On dit aux enfants : tu ne sais rien et tu ne serviras à rien. Personne ne t'attend. Les jeunes filles commencent à boire à quatorze ou quinze ans, puis elles se suicident. Je crois qu'à Gyda, il y a l'un des plus hauts taux de suicide de toute la Russie, dit-il. Une fille de huit ans fut envoyée se soigner à Salekhard pendant deux ans parce qu'elle avait la tuberculose[2]. Lorsqu'elle est revenue chez ses parents, ils étaient tellement ivres qu'ils ne la reconnaissaient pas. À treize ans, elle s'est suicidée. Des histoires comme celles-là, j'en ai plein.

1. C'est pour cela que je lui ai donné un autre nom et changé quelques détails.

2. Les Nenets sont beaucoup plus sensibles aux maladies que les habitants des villes du Sud, car ils vivent dans la toundra éloignés les uns des autres tandis que les habitants des jungles urbaines se sont immunisés en partageant constamment leurs microbes.

— Oui, mais Astrid n'a pas besoin de toutes les entendre », interrompt Yékaterina.

Cherchant à mettre fin à notre discussion, elle propose de m'amener chez le maire de Gyda. Nous sortons et marchons dans la boue épaisse.

Le maire, un Nenets en survêtement, apparaît à la porte. Je le salue. Il ne me répond pas. Il paraît méfiant et ne me pose aucune question. Sa maison est sombre, mal entretenue et sent le chou. Il n'a pas l'air d'avoir une grande famille. Pas même un chat, comme la plupart des habitants de Gyda. Nous le suivons dans sa cuisine. Yékaterina échange quelques mots avec lui.

« Il n'y aura pas de vol cet après-midi à cause du mauvais temps », nous dit-il.

Je sens que je ne suis la bienvenue ni chez lui, ni dans ce village. Le maire ne me laisse pas parler et claque la porte sur moi avant même que je puisse dire *lakamboï*, « au revoir » en nenets. Je serai restée chez lui trois minutes. Le maire est le parfait représentant de ce village. Il n'inspire aucune joie.

Yékaterina me guide jusqu'à l'internat et rentre chez elle. Ma discussion avec Pavel l'a troublée.

Je retrouve ma base dans le bureau de l'école et regarde le plafond, allongée sur mon lit. Je suis dans un pénitencier à ciel ouvert, l'un des derniers de Russie. J'ai traversé toute l'Europe pour y arriver. Dans ma carte mentale, Gyda est devenu l'écumoire des perfidies de l'homme. Toute bonne âme ici est avilie, tous beaux yeux, bouffis. Pourquoi se battre si rien n'y encourage ? Comment ne pas vouloir mettre fin à sa vie tout de suite ? J'entends retentir les cris de désespoir qu'ont dû pousser les déportés et les Nenets devenus fous à Gyda. Je me remonte le moral en me souvenant que je peux déserter les lieux à tout moment alors que les autres, eux, doivent rester enchaînés ad vitam aux poteaux de ce marécage puant. La grâce ne peut être loin.

Au lever du jour, la pluie tonne sur les fenêtres. Petit-déjeuner avec les pilotes. Nous décollons dans une heure.

« Le temps est maudit, on n'y voit rien, me dit l'un d'eux. Mais on a l'autorisation de la station de météo, alors on y va ! »

Le ciel est si bas qu'il semble vouloir nous aspirer dans sa grisaille. Il n'augure rien de bon. Le mari de Yékaterina, Alexeï, la remplace ce matin. Il connaît la toundra aussi bien qu'elle. L'appareil décolle et ne s'élève pas à plus de trente mètres du sol. Un fort coup de vent et nous nous écrasons. Les pilotes sont de véritables as de l'air. Je fais trop confiance aux Russes. Un jour, ils m'auront.

Nous volons des heures sans rien voir. L'indicateur d'essence signale qu'il est temps de rentrer. Si l'hélicoptère tombe en panne sèche, nous serons condamnés à rester des jours dans la toundra et à dévorer les réserves à bord. Nous ramassons une poignée d'enfants sur le chemin du retour.

Pavel est venu m'accueillir à l'arrivée. Je me sens faible et anémiée. La cuisine de l'internat me donne envie de jeûner. À quoi bon parcourir le monde si c'est pour crever de faim ?

« Il y a deux magasins à Gyda, me dit Pavel, mais aucun n'a été livré en produits frais depuis des semaines. La seule chose à faire, c'est d'attendre le *plavmagazin*[1], un bateau bazar qui circule dans la région. »

Il vend de tout, des tomates à prix d'or, des jeans et des DVD. On peut même y trouver des placards et des rideaux. Rien n'est fabriqué à Gyda, à part le pain. Tout est importé. La moindre cuillère doit parcourir des centaines de kilomètres.

Je comprends pourquoi on dit de ceux qui habitent au sud qu'ils vivent sur la terre, *na zemle*. Ici, nous sommes sur une île au milieu de la mer.

Les étagères du magasin du village ne sont pas très fournies. Des conserves, des condiments, des biscuits secs, des caramels et des tablettes de chocolat. Je fourre dans mon sac tout ce que je peux. Ce sera mon carburant pour les jours à venir. Je prends aussi quelques provisions pour le cas où j'arriverais à réaliser mon plan. Je voudrais convaincre les pilotes de me laisser dans la toundra quelques jours et me reprendre sur la route du retour lorsqu'ils en seront au dernier ramassage scolaire. Je ne veux pas rester trop longtemps ici. Je dois poursuivre ma quête. J'ai tellement envie de marcher seule sous le ciel du Grand Nord. Je voulais voir comment les Russes ramassaient les enfants de toundra. À présent, il est temps de me catapulter à nouveau dans la plaine.

Pavel est pressé. Il me prend par le bras et me dit : « J'ai beaucoup de choses à te montrer. Viens, suis-moi. »

1. *Plavat* signifie « flotter » ou « nager » en russe, *magazin* « le magasin ». *Plavmagazin* – « magasin flottant ».

Nous entrons dans une salle de concert ornée de rideaux de satin. C'est ici que se tiennent les fêtes pour les jeunes du village avec DJ et boule disco. Pavel collectionne les derniers tubes à Tobolsk où il étudie et les rapporte à Gyda.

« Il n'y a pas que "sur terre" que les gens s'amusent. Tu verrais, cette salle est noire de monde lorsqu'il fait moins cinquante, me dit-il. L'hiver, on s'ennuie. Nos fêtes durent toute la journée. On dort bien après. Je pourrais danser des heures. C'est ce que je préfère. Si je pouvais, je serais danseur professionnel. Mais ce métier n'existe pas ici. Alors, je vais faire autre chose. Je ne sais pas encore quoi. »

Il n'y a pas de douche à Gyda, mais on s'y lave la tête en dansant. Pour les habitants de ce patelin cafardeux, ce n'est pas la beauté qui sauvera le monde, comme l'a écrit Dostoïevski, mais la musique.

Dans les coulisses, deux pianos désaccordés auxquels il manque des touches. J'imagine leur convoyage épique. Ils ont vogué sur l'Ob pendant des semaines. Les chevaux ont dû s'enliser dans la boue en traînant ces instruments. Des mains courageuses ont retenu les haubans pour éviter qu'ils basculent dans les marais.

Je joue au piano « Blue Moon » et « O When the Saints ». Les yeux de Pavel s'écarquillent. Il n'a jamais entendu ces airs. Un peu de blues à Gyda, là où il y en a tant dans les âmes... Mes doigts courent sur le piano. La musique me donne des frissons, malgré ma performance laborieuse. La perle brille plus au creux d'une main sale qu'au cou d'une bourgeoise.

Le courant passe entre Pavel et moi. Il me sourit. Je lui réponds des yeux. Nous sortons du club en silence et atteignons la plage. Un bateau cargo est amarré à vingt mètres. Deux hommes manient une longue pompe.

« C'est notre station essence, dit Pavel. Le *plavmagazin* qui nous ravitaille en carburant jette l'ancre ici toutes les deux ou trois semaines l'été. Mais l'hiver, on ne le voit pas. Comme un tchoum, Gyda vit sur ses réserves. »

Sur le sable gît une mosaïque de morceaux de verre polis par la mer. Fresque d'un monde en dissolution réalisée par les vagues, ces artistes insoupçonnées. Le ciel est gris anthracite. Nous marchons sur le sable mouillé de la plage arctique.

« As-tu lu *L'Alchimiste*, de Paulo Coelho ? me demande Pavel.

— Ouais, je connais.

— J'aime beaucoup ses idées, ajoute Pavel. Grâce à Coelho, j'ai compris qu'un homme devenait grand en restant petit. »

L'Alchimiste est un produit formaté pour la mondialisation, écrit dans une langue universelle et déracinée. Mais Pavel m'impressionne. Comme le berger andalou, il poursuit sa légende personnelle. Il veut aider son peuple à s'en sortir.

Un cimetière nenets surplombe la plage. Pavel n'a pas le droit de s'en approcher. Les Nenets préfèrent rester loin de leurs morts. Il me laisse y aller, si je fais vite. J'ai toujours aimé les cimetières. Les tombes dégagent une paix bienfaisante. Les exilés de la vie laissent derrière eux le souvenir de la délivrance. Cette émotion est palpable si l'on y est réceptif. Je l'ai déjà sentie en marchant sous la pluie, une nuit de novembre, avec un ami dans le cimetière de Copenhague après avoir bu une bière sur la tombe de Kierkegaard.

Je marche autour des tombes nenets. Elles sont récentes. Le bois est jaune. Il vit encore. Chaque cercueil a sa personnalité. Je me remplis d'humilité pour me protéger des âmes dangereuses qui rôderaient dans les parages. J'en retiens presque ma respiration. Je marche sur des œufs. Ne pas faire montre de respect envers les morts, c'est risquer de s'attirer leur courroux. Tout est calme autour de moi mais je ne retrouve pas la même sérénité qu'ailleurs.

Il ne faut pas déranger les morts. Une vieille Nenets m'a raconté qu'il arrivait parfois que les chamans se querellent avec eux. Un jour, un sorcier était allé rendre visite à un défunt pour lui demander où il avait caché son magot. Mais le spectre souffrait de vivre sans sa moitié et il exigea du chaman que celui-ci tue sa femme pour l'envoyer le rejoindre dans le royaume des morts. Le chaman refusa car les enfants n'auraient pas survécu à la mort de leur mère. L'entretien se termina par une dispute et le défunt refusa de dire où se trouvait le butin.

Les Nenets disent que les chamans font parfois des pactes avec les morts. Une fois la séance terminée, certains spectateurs se regardent et se demandent qui sera le prochain à mourir. Il y a un prix à payer à errer en territoire interdit. Les chamans n'en sortent pas toujours indemnes et le commun des mortels non plus.

Je ne demande pas mon reste autour des tombes. J'ai vu ce que je voulais. Pavel me fixe de loin, comme un aigle sur une butte. Il ne bouge pas. La nuit tombe. Je cours vers lui à travers les hautes herbes.

Passer la porte

Je retrouve Yékaterina qui me propose de l'accompagner chez son amie d'enfance Nina. Nous gagnons une maison aussi précaire que la sienne et buvons le thé, sempiternel rituel pour tordre le cou au temps qui passe trop lentement. Nina me demande pourquoi je suis à Gyda. Je n'ai aucune réponse plausible – ni pour elle ni pour moi.

« Parce que je veux mieux comprendre le monde », hasardé-je timidement...

Yékaterina sent que ma réponse est honnête et cela la rassure.

« Mais ceux qui comprennent vraiment le monde, mieux que nous, ce sont les chamans, continué-je sans savoir pourquoi je parle de cela. En connaissez-vous ?

Yékaterina hésite. Ma question la dérange. Le chamanisme est tabou.

« Bien sûr, il y a des chamans dans la région, mais ils ne s'affichent jamais en tant que tels. Même entre Nenets, ils restent discrets sur leurs activités. Il y en a qui refusent d'exploiter leurs dons ou les laissent en jachère faute d'un maître. La plupart des chamans ont été éliminés par les communistes. Leurs pratiques ont disparu avec eux. Nina a un ami chaman qui ne veut pas se servir de ses pouvoirs. Les dieux le punissent.

— Il tombe malade à la pleine lune, ajoute Nina. Sa tête et ses os lui font mal. Il a les yeux embrumés. Il refuse de parler avec les esprits et ceux-ci le torturent en représailles. Il fait des rêves abominables et entend des voix tout le temps. Ce n'est pas une vie. »

Les chamans souffrent de leurs dons. S'ils ne les utilisent pas et ne respectent pas les traditions de leurs ancêtres, ils le paient très cher. Il ne faut pas insulter l'ordre des chamans de la toundra. L'arrière-grand-père de Yékaterina, Venda Okotetto, était un chaman puissant, poursuit Nina. Il pouvait parler avec les morts. Il hypnotisait les caissières et payait ses courses avec des emballages de bonbons qu'il faisait passer pour des billets de banque.

« À chaque fois, les employées du magasin du village se faisaient avoir, raconte Nina en riant. Elles ne se rendaient compte de la supercherie qu'une fois qu'il était parti. Venda était très aimé des éleveurs, même s'il était craint. C'était aussi un grand conteur qui avait beaucoup d'humour. Un soir, Venda buvait avec un ami. La bouteille de vodka vidée, les deux hommes voulaient continuer à s'enivrer mais ils n'avaient plus rien. Venda dit à son compagnon : "Je sais où trouver de la vodka, mais tu ne dois pas me regarder." Son ami lui désobéit et le suivit. Il le vit marcher sur l'eau, vers un bateau mouillé non loin de la côte. Le chaman se retourna et lui dit : "Il ne fallait pas me regarder." Et il se noya. Les pouvoirs des chamans se dissolvent à la lumière et s'affaiblissent lorsqu'ils sont remis en question. Il y a un chaman qui habite près de Gyda. Il est capable de prédire l'avenir, mais ce n'est pas facile de le convaincre de parler. Il refuse souvent. Du coup nous n'allons plus le voir, conclut Nina.

« En 2004, à un congrès international de chamans à Moscou, j'ai rencontré des chamans de Bouriatie, de Touva et du Taïmyr, enchaîne Yékaterina. Un bon nombre étaient des charlatans. Les vrais chamans ne veulent pas participer à ce genre de réunion. Ils restent dans la toundra et vivent comme tout le monde de pêche ou d'élevage de rennes. Le chamanisme, c'est notre religion, notre système de croyance, si le chamanisme disparaît, que restera-t-il de nous ? »

Le chamanisme ne s'acquiert pas. Le don se transmet de père en fils ou en filles. On naît chaman, puis on devient ce que l'on est. Certains ont plus d'énergie que d'autres.

Je range toutes les histoires de ces femmes dans ma boîte à trésors et reviens au dortoir de l'école. Je m'assoupis profondément, aidée par des esprits bienveillants...

Au petit matin, quelques nuages flottent au-dessus de la toundra jaune qui s'étire comme une nappe sous le ciel bleu. Gyda est moins triste que d'habitude. Le mari de Yékaterina, Alexeï, monte dans l'hélico. Nous reprenons les airs cette fois vers l'île des Rennes, au nord de la presqu'île du Mammouth, vers le 72e parallèle nord, en pleine mer de Kara.

La toundra est un vaste et plat champignon. Tout y prend vie, même le vide. Les fongus naissent toujours à partir de rien. Aujourd'hui, la toundra mue. Sa peau est boursouflée, squamée, recouverte de plaques sombres qui donnent l'illusion d'une mue reptilienne. J'ai le sentiment de survoler le caparaçon d'un monstre d'un autre univers. Des créatures tolkieniennes gardent les portes du monde d'en bas, d'où viennent les maladies et la mort... C'est l'univers de Nga, le frère de Noum, l'autre dieu nenets. Celui qui dévore les âmes lorsque le temps d'un homme est arrivé et parfois même avant... C'est là aussi que logent les fils de Nga et ses esprits associés. Je ne savais pas que les portes des bas mondes étaient défendues par de tels cerbères. Suspendue entre terre et nuages, je mesure la puissance de la spiritualité nenets. Chaque dieu, chaque puissance, chaque élément a sa place. Tout a un ordre et, peu à peu, j'en fais partie.

L'île des Rennes est un lieu sacré, comme les îles Chokalovsky, Vaïgatch et l'île Blanche au nord de la péninsule du Yamal. Les lieux de rites sur ces îles sont généralement interdits aux femmes. Aujourd'hui, il n'y a plus de rennes sur l'île des Rennes. Ils ont disparu avec le lichen. Cependant, des hommes y vivent encore. Un à un, ils émergent de leurs cabanes en rondin de bois. Des Robinson Crusoé de la côte arctique. Ils ont des têtes d'oursins, les cheveux gras, les mains poisseuses et le regard noir. Ils traînent vers nous des sacs de poissons et des oies prêtes à être plumées. Ils veulent les troquer contre du sucre et du savon. Un hélicoptère ne peut se poser dans la toundra sans faire un échange. Ce serait comme un bateau qui passerait devant des naufragés sur une île déserte en ignorant leurs appels.

Alexeï récupère trois enfants. Leur famille vit ici depuis longtemps, complètement isolée, à plus de cent cinquante kilomètres de Gyda. Pour survivre, ils ne dépendent que d'eux-mêmes. Alexeï disparaît dans une cabane. J'ai quelques minutes pour flâner. Je longe la mer de Kara. Me voici au bord du monde. Enfin ! Je m'approche de l'eau. Des flots noirs lapent le sable. L'eau respire le pardon. Elle a dû en laver, des maux ! Autour de moi, tout est vaporeux et blanc. Je marche aveuglée. Quelle sensation étrange. J'ai la chair de poule, je me sens perdue, j'avance dans le coton. Ai-je passé l'une de ces portes secrètes de l'Arctique ? Comment le savoir ? La réalité de ce que je vois m'effraie : des ombres dans le brouillard. Je ne saurai dire si elles vivent ou non. Mon cerveau ne fonctionne plus. Je suis paralysée. Mes sens ont été coupés. Peut-être n'ai-je pas le droit d'être ici. J'ai dû court-circuiter toutes mes fonctions vitales pour qu'elles n'enregistrent rien de ce que j'éprouve.

Lentement, le blanc se dissipe. Le ciel est si bas que je peux voir par-delà les nuages ! Mes pieds touchent terre mais j'aperçois la mer et la toundra comme si ma tête transperçait le ciel, tel Jacques du haut de son haricot magique. J'ai envie de crier. Je rassemble mes esprits, me recueille et prie à voix haute pour mes proches disparus. J'ose aussi timidement parler de mes amours – faut-il qu'il m'en souvienne... Je ne dis pas tout, cela pourrait porter malheur. Mes paroles restent suspendues dans l'air, le vent les emporte. Mon cœur a parlé. Je l'ai laissé faire. L'hélicoptère va repartir. Je saisis cet instant et le fixe sur les parois de ma mémoire. J'ai été entendue. Je peux quitter cet endroit et m'envoler maintenant que j'y ai laissé une partie de moi.

Nous longeons les rives de la péninsule du Mammouth, au sud de l'île des Rennes, pour tenter de repérer quelques cabanes habitées. Des troncs d'arbres, portés par l'Ienisseï, s'entassent sur le sable sur des dizaines de kilomètres. Ainsi voyageaient les bois destinés à la construction des isbas côtières. À présent, cette pratique est interdite. La décomposition de l'écorce des bois pollue les eaux.

Nous nous posons près d'une base navale russe désaffectée dont une partie est aujourd'hui occupée par une poignée de pêcheurs. Il ne reste plus qu'un hangar abandonné, des maisons à la charpente apparente et des tonneaux éparpillés. Les Soviétiques avaient construit des entrepôts dans lesquels il y avait assez de conserves pour survivre un demi-siècle. Une soixantaine de membres de la marine soviétique vivaient ici. Un jour, leur chef les a appelés. Ils ne sont jamais revenus.

Je m'avance lentement vers les flots. Un tracteur et un camion à chenilles se décomposent dans l'herbe. Nature morte industrielle sur fond d'alliance entre ciel et mer. L'eau anthracite a dit oui au ciel blanc. Ils feront des enfants-mouettes aux cris stridents. Je les entends, déjà.

Les nuages diffusent une bruine légère. J'ai les oreilles gelées. Un homme marche dans l'eau. Je reconnais notre pilote. Il fait ses ablutions comme s'il avait les bras plongés dans un bénitier.

« Vous rendez-vous compte ? Nous sommes dans

la mer de Kara ! me dit-il. C'est une mer sacrée. Je viens me baigner ici chaque fois que je viens. »

Oh ! Je ne suis pas la seule à croire en la charge mantique de ces eaux. Enfin un ami ! Je lui souris et m'asperge la tête. L'eau est glaciale et pas très salée.

Retour à bord de l'hélico. Alexeï a récolté une dizaine d'enfants. Un jeune Nenets s'est introduit parmi les passagers et s'est caché dans le fond de la carlingue.

« Et toi, que fais-tu là ? demande Alexeï.

— Vous ne comprenez pas ! répond le jeune homme au teint hâve. Ne me renvoyez pas ! »

Il hurle tout ce qu'il sait. Son visage devient incandescent. Le prochain passage de l'hélicoptère n'adviendra pas avant des semaines, peut-être des mois.

« Dehors ! Ne discute pas ! » lance Alexeï.

Il le saisit par le bras et le balance dehors. Le jeune homme tombe sur le dos et le copilote verrouille la porte-escalier. Sur le dos, le type nous regarde, l'air éploré.

« Nous ne pouvons pas prendre tout le monde, dit Alexeï. Celui-là, je le connais, il ne crée que des ennuis. J'ai déjà eu à faire à lui. »

Il dit cela pour que personne ne le juge. Sont montés à bord deux hommes dont l'un a le cou marqué d'une plaie fraîchement recousue. Les fils noirs dépassent encore. Le genre de blessure causée par une bouteille ébréchée. Il n'a pas l'air commode non plus. De quoi vivent ces hommes ? De pêche, de maraudages et de bagarres ? L'anarchie, dont on rêve mais dont on ne voudrait jamais. Ici, le chacun pour soi est poussé à l'extrême. L'Autre est une menace permanente.

Cette base abandonnée offrirait un lieu de recherche privilégié à un anthropologue. Mais l'équipage en a assez de vadrouiller aux extrémités du monde. Nous devons rentrer. Je mémorise les contours des îles et plonge mes esprits dans l'eau noire qui s'étend jusqu'au pôle Nord. Je n'irai pas plus loin et n'en ressens pas le besoin. J'ai touché du bout des yeux ce que je cherchais.

Revenus à Gyda, les pilotes filent vers leur résidence. Je marche dans les pas de notre guide Alexeï et m'enlise dans la boue. Il plisse les yeux, se retourne vers moi et me dit : « Il paraît que nous sommes au XXIe siècle. Regarde-moi ce bordel ! »

Je ne réponds rien. Un lavabo gît dans la vase à côté de sacs en plastique. Il y a de tout dans les eaux de Gyda. Ce village est une excroissance urbaine qui n'aurait jamais dû exister. La greffe n'a pas pris. La toundra veut s'en défaire. L'endroit n'est pas propice à la vie humaine. Pourtant, Alexeï s'est résigné à y vivre. Mais il n'a pas oublié d'où il vient.

« Vous avez peut-être remarqué que les Nenets ne se dépêchent jamais et réussissent toujours à faire tout ce qu'ils doivent à temps. Votre vie civilisée est folle, vos journées sont chargées du matin au soir. Je ne pourrais pas vivre comme vous. »

Alexeï me laisse à l'entrée de l'école et rentre chez lui. Je dîne avec les pilotes. Personne ne parle. Chacun va se coucher. Je m'effondre habillée.

Antipayuta

Le directeur de l'école de Gyda me retrouve devant ma tasse de thé du petit déjeuner.

« Tu veux toujours aller dans la toundra ? me demande-t-il. Départ dans trente minutes. Nous te déposerons dans les environs d'Antipayuta. Tu pourras y rester quelques jours puis nous reviendrons te chercher. »

Ô joie ! Je quitte Gyda ! Antipayuta se situe à deux cents kilomètres au sud, sur la rive nord de la baie de Tazovskiy. Je prends mon sac et rejoins le tarmac, le cœur léger. Le soleil répond aux bonnes nouvelles, il brille de tous ses feux. Yékaterina est venue me dire au revoir. Elle me chuchote quelques mots.

« Si tu veux, la prochaine fois, nous voyagerons ensemble à pied. »

Je hoche de la tête un oui enthousiasmé. Elle ajoute : « J'ai oublié de te dire : ton nom en nenets est Yadnanyé. Il signifie la femme qui marche. *Lakamboï !*

— Merci ! Je m'en souviendrai ! *Lakamboï !* »

Pavel me tend ses coordonnées sur un bout de papier et disparaît. Mes souffrances à Gyda auront été aussi inattendues que l'amitié que j'y ai trouvée.

En route pour Antipayuta ! Décollage.

À travers le hublot, encore des machines et des bateaux abandonnés sur la rive. Le pays de mes rêves est un dépotoir. Les industriels n'ont pas de sens moral. Ils vivent dans l'idée que l'immensité épongera leurs saletés.

Après la Seconde Guerre mondiale, les manœuvres militaires se sont multipliées dans la région. Les marins et les troupes spéciales cohabitaient avec les hydrologues et les météorologues. Bien avant l'écroulement du régime soviétique, la colonisation de ces côtes a cessé. Elle pourrait reprendre.

Si le réchauffement climatique se poursuit, le bassin arctique deviendra complètement libéré des glaces l'été, dans trente, vingt ans, peut-être moins. La Russie souhaite mettre la main sur le gaz, le pétrole et les ressources halieutiques. Elle a déjà entamé les manœuvres politiques nécessaires[1]. En juillet 2007, les Russes ont planté le drapeau de la Fédération exactement sous le pôle Nord à l'aide de

1. Moscou a demandé aux Nations unies de reconnaître que sa juridiction s'étend bien au-delà des 200 miles nautiques (360 kilomètres) de ses côtes. Les scientifiques russes affirment que la dorsale de Lomonossov, la chaîne de montagnes sous-marine de 1 800 kilomètres qui va des îles de Nouvelle-Sibérie jusqu'au large de l'île Ellesmere, est une extension du continent eurasiatique et donc de ses terres. Le Danemark, lui, soutient que la dorsale est une extension du Groenland. Le Canada, la Finlande et l'Islande ont aussi des revendications territoriales. La bataille de l'Arctique a commencé

robots sous-marins, à quatre mille deux cents mètres de profondeur. Coup de théâtre dont ils ont le secret. Ottawa a répondu qu'un drapeau ne suffisait pas et qu'il fallait une présence humaine pour justifier des revendications territoriales. Il faut être physiquement là pour affirmer « ceci est à moi » et trouver des gens assez simples pour le croire[1].

Les Canadiens sont en train d'augmenter leur présence militaire autour du bassin arctique. Ils construisent un port à l'entrée du mythique passage du Nord-Ouest, entièrement dégelé pour la première fois en 2007. Au cours des dix dernières années, la calotte arctique a perdu environ un tiers de sa surface. Le vétéran de l'exploration arctique, le Californien Dennis Schmitt qui a découvert une île au large du Groenland en 2005 et du nouveau point de terre le plus au nord du monde en 2007, défend une théorie fascinante sur l'avenir des eaux septentrionales[2]. Il prédit que le bassin arctique deviendra la nouvelle Méditerranée du Nord. Tirée par l'effervescence de l'exploitation gazière et pétrolière et le trafic maritime, une nouvelle civilisation verra le jour. Les cargos délaisseront le canal de Panamá et réduiront de plus d'un tiers la distance à parcourir pour passer

---

1. Je fais référence à cette phrase qui ouvre la seconde partie du *Discours sur l'origine et les fondements de l'inégalité parmi les hommes* de Jean-Jacques Rousseau : « Le premier qui, ayant enclos un terrain, s'avisa de dire : *ceci est à moi,* et trouva des gens assez simples pour le croire, fut le vrai fondateur de la société civile. »

2. Voir Astrid Wendlandt, « Northern Pebbles, New Pawns in Arctic Chess Game » (Galets du Nord, nouveaux pions dans le jeu d'échec de l'Arctique), Reuters, 31 octobre 2007.

d'un océan à l'autre. L'Arctique est la dernière frontière, la dernière contrée où tout reste à construire. Des villages et des ports émergeront sur les côtes les plus fréquentées. Le tourisme se développera. Des voiliers de plaisance navigueront sur cette nouvelle mer d'huile. Les Nenets devront s'adapter. La tentation d'abandonner l'élevage de rennes grandira. J'aimerais vivre assez longtemps pour voir tout cela.

Les Russes et les Canadiens nous mènent tout droit vers une désacralisation du Grand Nord. La mort du mythe d'Ultima Thulé est annoncée. Si l'Arctique est colonisé, il ne fera plus rêver. Mais ma mystique, elle, est restée intacte. L'appel du septentrion chez moi se fait toujours entendre.

Antipayuta est une copie conforme de Gyda, en plus grand. Sur le tarmac, deux jolies étudiantes nenets attendent le prochain hélicoptère pour la citadelle du gaz de Novy Urengoy. Nous sommes début septembre. Dans quelques jours, elles reprendront les cours à l'université. Proprettes et guindées, elles ressemblent à des institutrices en herbe. Hermo, le superviseur du ramassage scolaire, monte à bord. C'est un parent de la réalisatrice Anastasia Lapsui qui lui a parlé de moi.

L'hélicoptère traverse la baie de Tazovskiy, plus large que la Manche. Au bout d'une demi-heure, nous nous posons près d'un tchoum, pas très riche, possédant seulement une centaine de rennes. Je ne resterai pas dans celui-là. Les parents bondissent vers l'hélicoptère, accompagnant leurs trois enfants. Ils jettent leurs sacs dans l'engin, les aident à monter et retournent finir de dresser leur tente. Le souffle des pales fait battre les ailes du tchoum, pas encore totalement hissées sur le cône de lances en bois, découvrant le père et la mère immobiles, les bras le long de leur manteau de peau. Nous venons de leur enlever leurs enfants. Le châle de la mère tombe et ses cheveux noirs s'élèvent avec la spirale d'air de l'hélicoptère. Le couple a les yeux rivés sur l'engin qui emporte leur progéniture. Le désarroi se lit sur leur visage. Les enfants sont partis avec la joie du foyer. Les Russes ont même réussi à rendre orphelins les parents.

Ce soir, ils seront seuls. Ils boiront le thé en silence. Le tchoum sera devenu trop grand. Peut-être feront-ils l'amour pour se consoler. Par le hublot, je les suis jusqu'à ce qu'ils disparaissent derrière une colline. Ce sera le dernier ramassage scolaire auquel j'assisterai. Je me demande si l'éducation vaut ces arrachements.

Un peu plus tard, l'hélicoptère se pose à nouveau. Cette fois, c'est mon sac qu'Hermo prend et balance dans la toundra. Je saute. Il m'accompagne jusqu'à l'un des deux tchoums et dit à l'éleveur de rennes en lui donnant deux bouteilles de vodka : « Elle va rester avec vous quelques jours. Nous reviendrons la chercher. »

Hermo repart. Les pilotes me font des gestes d'adieux du cockpit. J'ai la sensation d'un saut dans le vide. L'éleveur se gratte la tête en me regardant. Il se demande ce qu'il va faire de moi et ne lâche qu'un mot : « Efim », son prénom. Il saute sur son traîneau et disparaît dans la toundra vers son troupeau.

Une femme, puis une autre, sortent du tchoum. Je les intrigue.

« Comment t'appelles-tu ?

— Astrid.

— Viens boire le thé. »

Le tchoum est sale. À l'intérieur, les planches sont recouvertes de terre. Une odeur de peau de bête mouillée me prend le nez. À chaque expiration, nous crachons un panache de vapeur. Le mercure est en chute libre. J'ai choisi le bon moment pour dormir dans la toundra.

« Nous allons cueillir des airelles, viens avec nous », dit la plus jeune.

Elle berce un bébé tout frais sorti du ventre, enveloppé d'une peau de renne. Les doigts de pied du nourrisson dépassent.

La petite est dans ce monde depuis trois semaines. Sa mère Akoulina n'a que dix-sept ans. Son mari nomadise en ce moment avec un autre clan. Elle attend qu'il vienne la chercher. Akoulina vient de subir une césarienne à l'hôpital de Tazovskiy.

« Les Russes font toujours des césariennes. Je ne le voulais pas. Le bébé était bien placé. Ils ont insisté. Les médecins reçoivent plus d'argent du gouvernement s'ils opèrent. »

J'ai entendu tant d'histoires atroces sur les accouchements dans les villes du gaz. Elles ne concernent pas que les Nenets. Les femmes russes pâtissent aussi de l'acharnement clinicien.

« La prochaine fois, je donnerai naissance dans la toundra, poursuit Akoulina. En plus, il paraît qu'il y a des maladies infectieuses dans les hôpitaux. Alors, à quoi ça sert de faire le voyage ? »

Akoulina a les seins qui débordent de lait. Elle les protège avec des chiffons. Mariée en mars, elle a donné naissance en août. Son mari a vingt ans. Il était son voisin de tchoum. Ils ont joué ensemble – un jour d'un peu trop près. La grossesse d'Akoulina a déclenché le mariage. La jeune fille à la bouille ronde accepte son destin et prend amoureusement soin de son ange. Comment une aussi petite créature peut-elle survivre dans un environnement si hostile ? Les premiers mois sont cruciaux, comme pour les bébés manchots et tortues. Mais s'ils passent le cap, ils deviendront forts.

Au côté d'Akoulina est assise Zoya, la femme d'Efim, le chef du clan. Ses yeux sont légèrement bridés, sa peau pâle et ses cheveux fins. Zoya a du sang khant, nenets et russe. Elle aussi a subi des césariennes, pour ses trois fils et sa fille.

« J'ai connu le bistouri, dit-elle en aspirant son thé. Une fois, ils avaient laissé quelque chose à l'intérieur. Je n'ai jamais su quoi. Les médecins ne font pas leur travail comme il le faut. »

Akoulina ouvre son manteau d'été traditionnel à col de renard blanc. Elle soulève son pull en laine et nous montre sa cicatrice rougeâtre traversant son ventre strié de vergetures.

« La cicatrice me fait encore mal mais je n'ai rien pour la guérir, dit-elle. J'attends que ça passe. »

Akoulina propose de sortir. Deux des fils de Zoya se joignent à nous. Edik, treize ans, châtain, grand et mince, avec une tête de fouine et Oleg, dix ans, aux yeux sombres. Les deux garçons ricanent sans cesse. Je peine à les comprendre. Ils ne parlent pas très bien le russe. Ils me demandent si je leur ai apporté des cadeaux. Je leur en promets. J'ai quelques petits jouets. Pour les femmes de la toundra, j'ai aussi pris avec moi des aiguilles et des perles pour décorer les manteaux et des Opinel pour les hommes.

Nous nous dirigeons vers la baie de Tazovskiy. Ciel pur et plage de sable beige. Une carte postale de la côte arctique comme j'ai cru ne jamais en voir. Il reste encore quelques endroits vierges des attaques de l'homme. Les champignons pointent leur cul cireux : bolets rudes et pâturons blancs. Les Nenets ne les mangent pas. Les champignons sont pour les rennes. Certains pourraient être vénéneux et les médecins sont rares par ici.

Je goûte aux fruits de cette terre que les Russes considèrent infertile. Je me penche, fourre mes doigts dans les arbrisseaux, agrippe des airelles et des myrtilles et les laisse perler dans ma main. Les airelles sont sucrées à souhait et les myrtilles, chauffées par le soleil, fondent dans ma bouche. J'ai trouvé une nouvelle source d'énergie. Ces baies me remonteront le moral lorsque j'aurai faim. Après la toundra sévère, je découvre la toundra nourricière.

Je me retiens d'avaler le contenu de chaque poignée avant de le verser dans le seau commun. J'y ajoute aussi quelques camarines, des petites boules noires cachées sous les plantes ligneuses.

Akoulina retourne dans le tchoum s'occuper de son nourrisson. Zoya et moi continuons de râteler la plaine. Je place quelques bolets dans ma capuche, sait-on jamais. Les garçons lancent des pierres dans les marécages.

Revenue au camp, je fais la connaissance des parents d'Efim. La soixantaine passée, ils élèvent encore des rennes. Pas de retraite pour les nomades. Ils m'accueillent sous leur tchoum. Ils ont tous les deux l'air vaillant. La vieille femme a gardé quelque charme sous ses cheveux poivre et sel. L'œil droit de son mari disparaît sous le poids des rides, mais il a la main sûre et le crâne bien garni. Nous échangeons un long silence en buvant du thé.

Les enfants abandonnent leur jeu de dés et s'attroupent autour de la table basse. Au centre, Zoya a déposé une montagne de viande de renne bouillie. Tous tranchent de leur coutelas les morceaux qu'ils mordent à pleines dents[1]. La table est recouverte de graisse. La petite fille de Zoya a le visage badigeonné de terre et de jus de viande. Je me retiens de la nettoyer. Les tasses à thé n'ont pas été lavées depuis un moment. Je m'habituerai. La propreté varie toujours un peu d'un tchoum à l'autre.

Zoya me tend une peau de renne pour ma couche. Je n'ose pas lui en demander une autre. Pour la nuit, pas de petites alcôves de draps de coton comme dans la toundra de l'Oural polaire. Tout le monde s'allonge d'un côté et moi de l'autre. Le feu s'éteint. Dehors le vent, lui, s'est réveillé. Impossible de dormir. Le froid me transperce le corps comme un sabre. Mon bassin et mes côtes frottent douloureusement contre le sol humide. Ma première nuit ici sera courte.

1. Les Inuits du Canada mangent aussi de cette façon.

Ce matin Efim s'est levé avant tout le monde. Il est parti, clope au bec, s'occuper du troupeau. Nous allons transhumer bientôt. Accroupie près du feu, Zoya change de chaussettes. Garder les pieds au sec est primordial dans la toundra. Le bout de l'un de ses orteils est tout noir. L'ongle se décolle.

« Cela m'est arrivé à l'école, dit-elle. Dans les années 1970, nous n'avions pas de chauffage à l'internat. J'ai eu des gelures. Cet orteil-là ne s'en est jamais remis. »

Gyda, Antipayuta, même combat.

Zoya et Akoulina dénouent les pans du tchoum, démontent sa structure conique et remballent tout son contenu sur des dizaines de traîneaux en moins d'une demi-heure. Efim et les garçons attrapent les rennes au lasso et les attellent un à un. Je vais voyager sur mon propre traîneau cette fois, tirée par trois rennes. Il s'agit de bien s'entendre avec les bêtes. La technique n'est qu'une partie du succès. La confiance en soi en est l'autre.

Akoulina me donne quelques conseils. Le renne de gauche mène les deux autres. Pour aller à gauche, il faut tirer vers soi la bride et pour tourner à droite, il faut ouvrir la bride à main droite. La caravane file vers les pâtures de fin d'été. Les parents d'Efim nous suivent. Je me retrouve à la queue de la colonne. On m'a donné les rennes les plus mous, de peur que je perde le contrôle. Je tente de les aiguillonner et leur hurle d'avancer dans toutes les langues. Mais rien n'y fait, ni le russe, ni l'anglais, ni le français. Ils refusent de trotter, s'embourbent dans les marécages, s'arrêtent même parfois. Je me résous à marcher à leurs côtés. Plus je m'énerve, plus les rennes s'assoupissent. Je me sens ridicule. La caravane disparaît derrière la colline. Je cours derrière. Sur une élévation de terrain, je retente ma chance. Je grimpe sur le traîneau et tapote avec ma longue perche la croupe des trois rennes de mon attelage. Plus d'espoir. Je les laisse suivre le reste de la caravane à l'odeur. On me surveille à distance.

Nous avons avalé une quinzaine de kilomètres. Efim hésite à établir le camp sur une colline près d'un lac. Il consulte son père. Nous pouvons libérer les rennes.

Je vais chercher de l'eau à la rivière. Le thé est infusé rapidement. Encore de la viande de renne, celle d'hier. Je pourrais m'en passer mais je n'ai déjà presque plus de provisions personnelles. Il ne me reste que quelques barres de chocolat et une boîte de biscuits achetés à Gyda. Je n'ai pas eu le temps de repasser au magasin avant de sauter dans l'hélico. Mon ventre se creuse. Efim, lui, est repu. Il regarde le ciel à travers le trou de la pointe du tchoum, allongé sur une peau. Sa petite fille de cinq ans, adossée à lui, caresse son chat.

« Et si tu allais rencontrer les pêcheurs de la rivière Payuta ? C'est à dix kilomètres. Si tu pars maintenant, tu y seras dans la nuit. Il y a un chaman là-bas. Je te préviens, il n'aime pas beaucoup parler. »

Efim veut peut-être me faire marcher – dans les deux sens du terme. Le jeune Edik et son ami proposent de m'accompagner. Ils ont des cousins là-bas. Je prends un gros pull au cas où le voyage serait plus long que prévu. Les Nenets sous-estiment souvent les distances à parcourir. La marche dans la toundra est pour eux une deuxième nature. Ils ne comptent pas leurs pas.

Edik accélère après la première colline. Les silhouettes des deux jeunes hommes s'amenuisent dans le vert intégral. Au loin, une tour d'exploitation de gaz abandonnée, allongée sur un haut plateau. Elle sert de repère aux nomades. Les deux garçons jouent déjà sur la structure de la tour. Ils bondissent d'une barre rouillée à l'autre, tels des écureuils.

Les garçons sautent dans l'herbe et reprennent la route. Ils gambadent alors que je me traîne. Les maudits ! Visiblement, ils veulent me perdre. La nuit est en train de tomber. Ils disparaissent complètement de mon champ de vision. J'ai entré la position du tchoum dans mon GPS, mais je ne souhaite pas rebrousser chemin. Efim m'a dit qu'il suffisait de longer la côte. J'espère qu'il ne m'a pas trompée.

Les nuages étouffent la lune. La lumière baisse. Si je continue, je vais tomber dans un marécage ou trébucher. Je cherche un coin pour bivouaquer. Blottie derrière un rocher, je m'affale sur un tapis de mousse, bien plus confortable que la peau de renne du tchoum d'hier. Je relève le col de mon pull. Mes muscles sont assaillis de courbatures. La fatigue m'enivre et mes yeux se ferment. Je dors d'un sommeil léger, attentive au moindre bruissement. Je rêve dans un demi-sommeil de ma rencontre prochaine avec le chaman. Que vais-je lui dire ? Si je ne peux lui poser qu'une question, laquelle sera-t-elle ? Je m'imagine boire le thé avec lui. Il faudra que je me retienne de trop parler – l'un de mes grands défauts. Je me promets de bien me tenir.

Le soleil ne tarde pas à revenir de sa ronde. Je resterais ici encore quelques heures. Je me nettoie le bout du nez dans l'eau du lac et bois de grosses rasades en évitant les insectes. Petit déjeuner de barre de chocolat, d'airelles et de myrtilles. L'air est frais. Je me sens encore plus proche de la toundra après y avoir dormi. Elle est devenue pour moi une deuxième maison russe. Je me suis assoupie non loin d'un tombeau à demi ouvert. Le bois gris a été fendu par les années. Je ne vois rien au fond. Les nomades disent que c'est moins dangereux de dormir près d'une tombe que d'un endroit sacré. Les morts, en général, nous laissent tranquilles, mais pas toujours les esprits. Je passe mon chemin.

Je marche toute la matinée. D'un belvédère, je repère deux tchoums sur les bords d'une rivière qui se jette dans la baie de Tazovskiy. Les pêcheurs ! Une bonne âme veille sur moi. Je zigzague entre les buissons et déboule vers la rivière. Le chemin est rocailleux et malaisé. Arrivée en bas, je traverse un marécage pendant plus d'une heure en tentant de trouver les endroits moins profonds. Je ne sais pas où mettre les pieds.

J'atteins la rivière et regarde mon GPS. Dix-sept kilomètres. C'est bien ce que je pensais. Sacré Efim ! L'un des pêcheurs me repère, saute dans sa barque et vient me chercher. Il me salue et me fait traverser.

Les deux garçons m'attendent sur l'autre rive.

« Alors, tu as aimé la balade ? me demande le jeune Edik.

— Oui, beaucoup. Merci. »

Je leur tordrais le cou si nous étions ailleurs. Mais dans la toundra, c'est de l'humour. Ils m'ont joué un tour. Il faut sourire et oublier.

L'homme à la barque disparaît dans son tchoum sans m'inviter à le suivre. Les deux garçons m'accompagnent vers une cabane au toit en tôle. Une Nenets blonde apparaît.

« D'où viens-tu ? me demande-t-elle.

— Du tchoum d'Efim.

— Ah... Bien. Rentre. On a du renne. »

Son mari est déjà attablé. Il mange directement dans la casserole une mixture composée de macaronis et de morceaux de renne. Affamée, je me jette dessus. Les deux garçons s'asseyent avec nous. La jeune femme me sort du poisson cru d'un papier journal, de l'omoul. Je prends tout ce qu'on me donne, m'allonge et m'endors sans m'en rendre compte.

Le couple a construit cette cabane en bois sur pilotis parce que leur tchoum a brûlé il y a quelques semaines. Une bonbonne de gaz a explosé. Leur fils de seize ans est mort noyé. Je n'arrive pas à savoir comment l'explosion est reliée à la noyade. Ce couple doit se dire que je n'ai pas besoin de tout comprendre. Une question me taraude. Comment se fait-il que les Nenets habitent si près de la mer, dans le pays où il y a le plus d'eau du monde – sous leurs pieds, dans les lacs et les rivières – et qu'ils ne sachent pas nager ! *Nenets paradox.*

La femme assise à mes côtés s'appelle Emma. Elle a un regard de folle et des cheveux blonds qui tirent sur le blanc. Sans doute avait-elle un papa russe. Son mari, Aoukou, est un pêcheur joyeux qui ne pense qu'à sa prochaine prise. L'homme à la barque, le premier que j'ai rencontré ici, se prénomme Khavako. C'est peut-être lui le chaman.

« Venez voir mon *minoga*[1] ! » crie Khavako.

Argenté, long et fin, le minoga est un poisson carnassier qui tient de la sangsue. Sept petits orifices à côté des yeux, sa tête se termine en une ventouse rose hérissée de petites dents jaunes et pointues – un monstre. Il creuse un trou entre les écailles du poisson, le pénètre et le dévore de l'intérieur.

« Nous ne consommons pas de ce genre de poisson, dit Khavako. Ce sont des *chichniki* – des poissons qui mangent les autres poissons. Le brochet est aussi un chichnik. On n'y touche pas. Vous comprenez le mot chichnik ? Staline était un chichnik, il dévorait les autres hommes.

— Quels poissons nagent dans les eaux de la région ?

— Depuis cet été, il n'y a presque plus d'esturgeons dans la baie de Tazovskiy. Plus de *mouksoun* non plus (un salmonidé de l'Arctique.) Un pipeline sous-marin de gaz a explosé en mai et nous ne pouvons plus pêcher.

— Ils reviendront ! » dit Aoukou qui n'a pas du tout l'air alarmé par la disparition des poissons.

Je pars inspecter les lieux. Devant la cabane se

1. *Minoga* signifie « lamproie » en français.

dressent un billot de bois et une moto-neige recouverte d'une bâche. Une paire de bottes en feutre sèche sur les extrémités d'une échelle posée sur l'un des traîneaux. Je marche jusqu'aux deux tchoums.

La femme de Khavako me salue poliment mais semble anxieuse. Je ne cherche pas le contact. Je marche vers la baie. Quelques bois flottés gisent sur le sable brun de la plage. Je trempe mes mains dans l'eau glacée. Que Khavako soit chaman ou pas, je n'arrive pas à m'enlever de la tête qu'il se passe des choses étranges ici. Cette histoire d'explosion et de noyade m'intrigue. Je ressens la frustration habituelle du voyageur. Mais gratter la surface, c'est déjà mieux que de se contenter d'y glisser.

En revenant à la cabane, je prends le croassement des corbeaux pour le coassement des grenouilles. Quelques haillons de nuages habillent la lune. Elle m'offre une oreille. La solitude du soir est la meilleure compagne.

Le couple m'invite à passer la nuit dans leur bicoque. Le poêle brûle. Il fait chaud. Emma me tend des manteaux de peaux. Je me couche avec eux. Aoukou se place au milieu, Emma et moi de chaque côté. Je vais dormir comme une princesse.

Il y avait longtemps que je n'avais pas passé la nuit à côté d'un homme sans la moindre ambiguïté. Au petit matin, Emma se lève pour faire le thé. Elle me regarde me préparer.

« Si une mèche te reste dans les mains lorsque tu t'attaches les cheveux, c'est que tu vas prendre la route », dit-elle.

Aoukou s'assied avec nous pour boire le thé. Ayant partagé son lit, j'ose lui demander si l'un des membres de son clan est chaman. Il regarde Emma puis me répond : « Non. Il n'y a pas de chaman chez nous depuis longtemps. »

Je lui repose la question, en vain. Il ne révélera rien. Lorsqu'il ne veut rien dire, ce Nenets prend l'air bête :

« Si tu es malade, j'ai des médicaments. Le 1er août, c'était le jour des pêcheurs. Les autorités nous ont donné des pharmacies complètes. »

Les Russes ont gardé la tradition socialiste de célébrer le travail. Chaque profession a son jour de fête. Les plus populaires ici sont celles des *gazoviki* (ouvriers du gaz), des cheminots, des mineurs et des instituteurs.

Je pars avec Aoukou remonter les filets de pêche. Nous sautons dans sa barque. Il rame vers la baie. Des filets s'étendent de part et d'autre de la rivière et prennent les poissons en nasse. Il extrait le fruit de sa pêche et en rejette la moitié à l'eau. Rien ne sert de garder ceux qui ne finiront pas dans son assiette.

Le Boniface entonne un chant traditionnel – un classique de la toundra sur Naryan Mar, la capitale du District autonome nenets, du côté européen de l'Oural polaire. Sa voix porte jusqu'à la rive. L'eau froide lui a rougi les mains. Des goélands fondent sur les poissons flottant à la surface.

Nous revenons à la cabane où nous attend Grisha, un Nenets qui souhaite devenir vétérinaire.

« Je vais marcher avec toi jusqu'au tchoum d'Efim. Nous partons tout à l'heure si tu veux. »

Il veut profiter de l'hélicoptère pour gagner Salekhard où il suit ses cours. Je ne sais pas quand l'hélicoptère viendra me rechercher.

Nous quittons les lieux, accompagnés de l'adolescent Edik. Son frère, le petit Oleg, reste ici pour jouer avec ses amis. Je connais le chemin cette fois. Ils peuvent marcher loin devant s'ils le souhaitent. Je n'aurai pas réussi à percer le mystère Khavako. Je pense qu'il est chaman, mais j'accepte l'idée qu'il ne désire pas se dévoiler. Il ne faut pas trop attendre des habitants de la toundra. Venir jusqu'ici et en repartir est déjà un miracle.

Comme Edik, Grisha évolue aisément à travers la plaine vallonnée. Il saute avec agilité par-dessus les ruisseaux et gravit prestement les collines. La toundra est verdoyante. Bizarrement, ses couleurs vives me rassurent. Les deux garçons proposent un raccourci. Ils promettent de m'attendre si je les perds de vue.

Sur la côte, nous passons à côté d'une succession de mottes herbeuses et moussues. L'une d'elles a le profil d'une molaire.

« C'est un endroit sacré, dit Grisha. Ne t'en approche pas. Ceux qui s'y rendent raccourcissent leur vie.

— Tu penses que je vais te croire ?

— Ici, il y a des esprits, raconte Grisha. L'hiver dernier, en rentrant chez moi, j'ai vu quelqu'un marcher dans la neige. Il était habillé en noir. Je pensais qu'il viendrait à ma rencontre, j'entendais le crissement de ses pas dans la neige. Puis il a disparu. Maintenant, tu peux croire ce que tu veux. »

Nous marchons jusqu'au soir. Les garçons s'affalent de temps en temps dans l'herbe pour m'attendre. Je me permets aussi quelques pauses et ramasse des airelles et des *marochka*, des framboises arctiques blanches, acides et sucrées. Je bois beaucoup d'eau, puisée des lacs.

Ayant souffert d'anorexie dans ma jeunesse, je jeûne facilement. Il ne me faut que quelques jours pour m'y habituer et je peux résister longtemps. J'ai pesé quarante-cinq kilos pour un mètre soixante-seize lorsque j'avais quatorze, quinze ans. Je fais soixante kilos maintenant. Une bonne page de tournée. L'anorexie est le passage obligé des jeunes filles qui refusent de grandir. Cette privation m'a coûté physiquement, mais aujourd'hui elle me rend plus tenace.

Nous repérons le clan. Zoya nous fait des signes. À notre arrivée, Efim traîne par la patte arrière un jeune renne pris au lasso. Je crois reconnaître celui qui aimait s'asseoir près du tchoum. Apprécier la compagnie des hommes lui a été fatal.

Efim tourne la tête du renne vers l'est, vers le soleil levant, pour qu'il puisse voir le chemin de sa nouvelle vie. Il enroule deux cordes autour du cou de l'animal, tire l'une dans un sens et sa femme tire l'autre dans le sens opposé. Ils l'étouffent pendant plus d'un quart d'heure, comme si de rien n'était. Le jeune renne nous fait un dernier sourire avant de laisser pendre une langue bleue. Dans son regard, je lis qu'il ne leur en veut pas.

« Bien sûr, c'était un bon renne, mais il faut nourrir la famille », dit Efim.

Zoya lui retire sa fourrure, lui coupe les pattes et prépare un festin de renne cru. La carcasse est fendue en deux, les côtes écartelées. On y plonge une tasse pour boire son sang. Tout le monde vient s'abreuver, sauf moi. Je n'y arrive à pas et je n'en ai pas envie. Tout d'un coup, je me sens plus chrétienne qu'animiste. Quelque chose me dit que ce n'est pas moral de boire le sang d'une bête qu'on vient d'abattre. Chacun ses croyances et ses syncrétismes. Le père d'Efim sort la vodka. Chacun boit dans le même petit verre. Toasts portés à notre voyage, à notre retour de « la rivière des pêcheurs ». Tout le monde se transforme en vampire. Du sang autour de la bouche et sur les doigts. Je cherche Akoulina. Elle n'est plus ici. Son mari est venu la chercher. Son homme l'a quittée femme et l'a retrouvée mère.

Le vieux commence à fredonner un air. La vodka est le carburant des conteurs.

« Il fait bon dehors, dis-je.

— Ah non ! répond Efim. Il fait trop chaud. Cet été, il a fait plus de trente degrés. C'était insupportable ! On se baladait tous à moitié nus. »

Le supplice du réchauffement climatique a commencé pour les Nenets, résidant aux avant-postes de la planète.

« D'où je viens, leur dis-je, les températures ont aussi augmenté au cours des dernières années et les neiges éternelles des montagnes disparaissent.

— Quelque chose se passe, c'est sûr, mais va savoir ce qui... », dit le père d'Efim.

Il ne termine pas sa phrase, se lève et grimpe sur son traîneau. C'est à son tour de veiller sur le troupeau. Je rentre dans le tchoum avec Efim et les enfants. Les femmes finissent de dépecer l'animal pour faire bouillir la viande. Je m'endors sur des peaux de renne.

Au petit matin, la tente claque sous les coups du vent. C'est la tempête. La fumée du feu envahit l'espace. Coups de tonnerre. Les Nenets disent que les éclairs sont le grincement des traîneaux des dieux lorsqu'ils zigzaguent dans le ciel. Malgré le mauvais temps, Efim allume la radio. Il espère capter une émission de Radio Rossya, la radio nationale russe. Grâce à elle, le clan règle l'heure et se tient au courant des événements dans le reste du monde. Voici une radio qui offre un vrai service universel : celui qui va de Vyborg à Vladivostok sans oublier les côtes arctiques.

« À mon avis, l'hélicoptère passera aujourd'hui », dit Efim.

Si c'est vrai, le temps presse. J'aimerais demander à son père de me chanter une chanson nenets. Je suis en train de rassembler une petite collection d'enregistrements sur mon magnétophone. Je l'ai commencée avec les balades de Aoukou, le pêcheur de la rivière Payuta.

J'attends le retour du vieux dans son tchoum. Lorsqu'il apparaît, il me demande combien je paie pour une chanson. Je lui réponds que j'offrirai de la fourrure de castor à sa moitié ; j'en ai rapporté du Québec. Elle sert à purifier la tente après les règles ou un accouchement. Les yeux de sa femme s'ouvrent en apprenant que je vais lui en offrir. J'ai même droit à un sourire.

« Les castors vivent dans la taïga. Nous ne les chassons plus car nous migrons beaucoup plus au nord qu'avant, m'explique-t-elle en mauvais russe. Autrefois, il était aussi possible d'échanger des peaux de renard et de renne contre des peaux de castor. Mais nous sommes trop loin des chasseurs maintenant, c'est difficile. »

Son mari me demande de l'attendre dehors. Il sort vêtu de son habit traditionnel d'été, s'assied sur un traîneau, lève la tête vers le ciel, pose ses mains sur ses cuisses et entonne un chant térébrant.

Efim traduit : « Écoutez-moi ! C'est l'histoire de ma vie ! Mon grand-père n'avait que trois cents rennes lorsqu'il est allé chercher sa femme pour l'épouser. Ses parents ne voulaient pas la laisser partir à moins de cent quarante rennes. Elle était belle et travailleuse. Il l'enleva dans la nuit et elle ne revit plus jamais sa famille... Plus tard, mon père m'a dit : "C'est ton tour, il faut que tu ailles vers l'océan pour te trouver une femme, vers le Taïmir. Prends ta sœur avec toi pour qu'elle te monte le tchoum et te fasse du thé." »

Selon la tradition nenets, il faut se trouver une femme d'une autre contrée pour apporter du sang neuf et faire de beaux enfants. Les rennes de l'épouse renouvelleront le troupeau. Pendant sa chanson, le vieil homme imite le poisson en ouvrant et fermant la bouche.

« Il parle des bolcheviques qui volaient les rennes comme les mauvais esprits, en aspirant leur âme », m'explique Efim à demi-voix.

J'enregistre tout. La femme du vieux vient s'asseoir à ses côtés et se met, elle aussi, à chanter. Combat de contes, joute vocale et rixe musicale.

Ils s'arrêtent. La brute d'homme devient tendre. Le vieil homme pose sa main tachée de sang sur ma tête et me parle en me regardant droit dans les yeux.

« Tu vivras avec un homme fort. Où que tu sois, il saura te trouver. »

Retour au tchoum. L'hélicoptère ne viendra sans doute pas aujourd'hui. Des chapkas blanches dérivent dans le ciel. Elles me donnent envie d'aller parler avec le Grand Ciel et la toundra. J'aimerais prendre le temps de leur faire mes adieux. Je marche vers la côte pendant un moment puis je m'assieds sur une colline surplombant la baie. Je fixe l'horizon. Je repense à cette phrase qui m'est venue à l'esprit tout à l'heure : le meilleur moyen de ne pas nuire au reste du monde, c'est d'être heureux.

Je gribouille dans mon petit carnet quelques phrases qui deviennent la complainte de la toundra.

Marcher dans la toundra,
C'est rebondir à chaque pas,
Une danse, une folle course,
Pas de chat, pas de loup, patte d'ourse.

Dormir dans la toundra,
C'est tenter l'esprit bas,
De ton âme, il se nourrira
Si tu ne lui donnes pas de vodka.

Travailler dans la toundra,
C'est vivre à l'heure des bêtes et du vent,

Craindre le dégel autant que la tempête
Agir vite en prenant son temps.

Voler au-dessus de la toundra,
C'est entrer dans un long songe,
Lacs noirs, veines bleues, bois mort,
Tout prend vie sans mensonge.

Naviguer dans la toundra,
C'est prendre la haute mer,
Perdre son cap et ses repères
Se faire chavirer par des vagues de terre.

Croiser un étranger dans la toundra,
C'est l'inviter à boire le thé,
Passer, oublier ses étrangetés,
Lui tendre une main sûre sans chercher l'amitié.

Aimer dans la toundra,
Cela ne se dit pas,
Car le silence a ses mots doux
Que la raison ne connaît pas.

Je ne suis ici qu'un être vivant parmi d'autres. Une pierre sous un arbrisseau, un roseau dans un marécage. Rien ne compte, rien n'est important. Je ferme les yeux. Je suis chez moi. La toundra n'appartient à personne et personne ne lui appartient. Tout est fluide et fugace comme les bêtes qui paissent et les hommes qui passent.

Une abeille se pose sur ma poitrine. Tout à l'heure, Efim m'a donné une abeille à laquelle il a arraché les ailes. Il voulait que je l'emporte en souvenir. Je l'ai posée sur un tapis de fleurs naines où j'ai pensé qu'elle survivrait. Cette autre abeille, qui vient me rendre visite, me regarde, penche la tête d'un côté puis de l'autre. Elle me remercie. Aider une abeille, c'est recevoir le soutien de la ruche ! Les abeilles ont toujours été mes amies.

Je tends l'oreille. Un autre bourdonnement – celui de l'hélicoptère. Je rassemble mes affaires et mes esprits et bondis comme un jeune renne vers les tchoums. Je saute par-dessus les marécages et frappe les maquis pour me frayer un chemin. L'hélicoptère ne m'attendra pas. C'est maintenant ou dans six mois. Heureusement, mon sac est prêt.

Je salue toute la famille et grimpe à bord. L'hélico est plein à craquer. Hermo est content de me revoir.

« Je sais que tout s'est bien passé », dit-il.

Nous nous posons à Antipaiouta. Aucune envie d'écouter d'autres histoires d'adolescentes en chute libre. Un bateau part ce soir, le *Kalashnikov*. Il va jusqu'à Salekhard. Je compte m'arrêter avant, à Novy Port, un village sur la côte est du Yamal où j'ai un contact.

Le *Kalashnikov* lève les amarres dans moins d'une heure. Je dois m'y rendre vite. Je serre quelques pinces sur le carré d'atterrissage et traverse une succession de marécages sur des passerelles branlantes pour arriver au port. Je dois grimper sur un vieux bateau à moteur pour atteindre le *Kalashnikov* mouillé au large, dans la baie de Tazovskiy.

À bord du rafiot, des étudiantes nenets sont parées pour la fête : maquillées, sourcils épilés, cheveux lissés. Elles se dandinent dans des jeans brodés et incrustés de faux diamants – comme c'est la mode en

Russie en ce moment. Certaines ont l'air d'avoir déjà commencé à boire et titubent au milieu de leurs amies.

Il fait près de zéro. Le bateau démarre. Un peu plus loin, trois jeunes Nenets s'agitent, debout dans une barque. Leur moteur est tombé en panne alors qu'ils tentaient de rejoindre le *Kalashnikov*. Le premier a l'œil au beurre noir, le deuxième tient une bouteille de bière et le troisième empêche les deux premiers de tomber à l'eau. Ils rament frénétiquement jusqu'à nous. L'un balance ses baskets sur l'étrave puis se propulse à bord suivi du deuxième. Le troisième repart, mission accomplie.

Le *Kalashnikov* trône dans la baie. Un bateau de croisière à deux étages comme on n'en fait plus. Blanc, élégant, lumières jaunes aux fenêtres. Le vaisseau le plus romantique du monde. Il appelle la simplicité, la lecture de livres épiques, le laissez-vivre et l'aventure. Je m'y vois passer une semaine avec l'être aimé.

Je me prends une cabine et pars à la découverte du bateau. Cuivre brossé, appliques Art déco, tableaux réalistes socialistes. On peut lire en lettres dorées sur une plaque en laiton : « Construit dans les chantiers de Hanovre, livré en 1955 ». Depuis, le *Kalashnikov* fait la liaison entre Salekhard et Antipaiouta de la mi-juillet à la mi-septembre, avant les premières glaces. Il a transporté de tout – des bourreaux, des prisonniers et des jeunes filles en quête d'une nouvelle vie.

Ma cabine est un enchantement, respirant le kitsch d'un autre temps. Rideaux en satin lilas, table et murs en acajou verni. Au mur, une peinture de paysans d'Ukraine ramassant du coton intitulée *Hymne aux travailleurs de la terre*. J'ai mon propre lavabo et un miroir. Je file au restaurant.

Une femme bossue, aux bras de chimpanzé, regarde à travers la fenêtre. Elle pose sa tête sur une main, assise derrière un comptoir à chips et boissons qui fait office de plavmagazin. Je la sors de sa rêverie et commande tout ce qu'il y a sur le menu. Je ne sais pas quand sera mon prochain repas. Le restaurant donne sur une baie vitrée. La lune a plongé dans l'eau. Je dîne seule.

Ce bateau serait l'endroit idéal pour tourner un roman d'Agatha Christie. Un mort aurait été retrouvé en cuisine. Hercule Poirot sillonnerait les couloirs, prendrait des notes. Les passagers se soupçonneraient tous les uns les autres. La surprise viendrait du chef.

Le *Kalashnikov* s'approche de la péninsule de Yamal dans le silence de la nuit. Mes voisines de chambre m'invitent à boire le thé. L'étranger est un fruit exotique dont il convient de goûter une bouchée à la première occasion. Elles se précipitent pour me raconter leur vie, comment elles sont passées de la toundra à la ville, par nécessité ou par mauvais jugement. Je ne reste pas dans leur cabine. La solitude fait partie du luxe que je me suis accordé.

Ma plus belle croisière de tous les temps ne durera qu'une nuit. Je nage entre délices du moment présent et souvenirs fétiches de la toundra. Je me sens légère, libre, en éveil, belle et plus forte qu'avant. J'ai envie de donner, de partager. Une énergie nouvelle fait battre mon cœur. Je pourrais courir le monde, faire la révolution ! Les moments de transition comme celui-ci offrent une perspective unique. Je sais exactement d'où je viens et où je vais. J'aimerais que ce voyage ne s'arrête jamais. Je ne dormirai pas de la nuit pour savourer chaque minute sur le *Kalashnikov*, comme une amante auprès de son homme.

Novy Port

Le *Kalashnikov* s'approche de la côte. Apparaissent deux tours d'exploitation de gaz. Je devine que ce qui suit est Novy Port . des maisons aux couleurs vives et des rangées de poteaux télégraphiques. Déjà, je sens que ça va être autre chose que Gyda. Le *Kalashnikov* jette l'ancre au large du village. Un rafiot accoste pour charrier les passagers. Seules deux personnes débarquent. Je cours vers la sortie. Une femme m'attrape le bras et me dit :

« Tu es Astrid ?

— Oui.

— Très bien. Suis-moi. »

Natalia est la femme du maire de Novy Port. Petite, membrue avec des yeux de chat, elle est venue me chercher sur le bateau pour ne pas me rater. C'est la tante de mon ami Kirill, un Nenets de Yar Salé, rencontré à Salekhard. Je ne m'attendais pas à un tel accueil.

« Novy Port est le seul port de la péninsule de Yamal qui figure sur toutes les cartes du monde », me dit-elle fièrement en pointant le village du doigt.

Novy Port me paraît si moderne après Gyda. Des rues de terre battue sur lesquelles on peut marcher normalement, des maisons entretenues, des lampadaires qui marchent même le jour et une église orthodoxe au bulbe doré. On nous conduit en voiture jusqu'à sa maison. Je retrouve le confort d'une vraie salle de bains.

Dès les premières minutes, Natalia me trouve sympathique. Pas question de rester dans la cuisine à boire du thé. Elle m'invite à marcher dans la toundra des environs. La lumière est électrisante. Il y a de l'optimisme dans l'air. En sortant du village, je repère quelques maisons de pêcheurs sur la plage vers lesquelles j'aimerais traîner mes guêtres plus tard.

Natalia me raconte l'histoire de ce port. La première cabane fut construite en 1883 par une compagnie de pêche suédo-allemande qui posait des filets dans la région. En 1920, un groupe d'hydrographes envoyés par le Comité des routes maritimes du Nord déclarèrent l'endroit idéal pour la pêche et l'accostage des bateaux et le baptisèrent Novy Port. Au début des années 1930, les exilés politiques furent débarqués ici pour travailler à la pêcherie nouvellement créée. La première école fut ouverte en 1932 avec un professeur et neuf pupitres.

Au bout d'une heure de marche, nous sommes en pleine toundra. Le pays est plat comme les prairies du Canada : on peut suivre du regard un chien qui s'enfuit pendant trois jours. L'horizon se cambre entre les herbes hautes. La terre est bien ronde. Les joncs et les linaigrettes, ces fleurs hirsutes à tête de coton, vacillent dans le vent. Un couple de buses plane au-dessus de nous. Nos capuches se remplissent de bolets et nos bouches de bleuets. La faim me tenaille. Je détecte une odeur de grillade. Je dévorerais un bœuf. Un homme agite les bras et nous invite à rejoindre son groupe. Ils fêtent un anniversaire. *Chachliki* (brochette de viande grillée au feu de bois), cornichons, vodka et champignons vinaigrés. Verre à la main, ils boivent à la toundra, à leur famille. Magie de la Russie : nous ne sommes pas invitées mais nous sommes accueillies comme si nous étions attendues. Léonid Nikolaïevich, ingénieur à Novy Port et sa collègue, Maria, moitié russe, moitié Komi, sont assis en face de moi. Maria vit à Novy Port depuis des décennies. Elle fête aujourd'hui ses cinquante ans. Buvant de grandes rasades de vodka, elle nous dit : « Bien sûr, la vie est plus facile “sur terre”. Mais ici, les hommes d'affaires ne kidnappent pas les femmes et les enfants de leurs partenaires pour les faire chanter. Ici, nous vivons bien ensemble... Évidemment, il y en a qui boivent, comme partout.

Les deux autres femmes enseignent à l'école de Novy Port et la troisième fait du pain. Maria saute par-dessus le feu et les autres la suivent.

« C'est pour purifier notre âme ! » crie Maria.

Elles répètent ce rituel. Des toasts et encore des toasts puis l'une des institutrices fredonne une chanson des temps du Goulag et ses amies l'accompagnent.

« Ne m'écris pas.
Je ne te dis qu'une chose : viens !
Viens me retrouver dans ces terres lointaines !
Tu verras, ici, on peut vivre.

Je sais, je sais que tu ne viendras pas.
Mais je t'attendrai, je t'attendrai ! »

La mélancolie : ce bonheur d'être triste. Une deuxième nature qui fait d'un Russe un poète. L'art de laisser monter les larmes sans les verser.

Ces femmes cultivent déjà la nostalgie des beaux jours. Elles se préparent à affronter l'hiver sibérien. Chaque été, les habitants de Novy Port filent vers le sud et reviennent chez eux fin août – à l'inverse des rennes qui, eux, migrent l'été vers le nord et vers les taïgas du sud l'hiver. Chassé-croisé des hommes et des bêtes.

Les bouteilles vidées, Léonid nous ramène entassées les unes sur les genoux des autres dans sa fourgonnette Oural tout-terrain. Nous passons un cours d'eau.

« Ne fais pas cette tête, me dit Léonid, nous pouvons nous enfoncer dans deux mètres d'eau. Les Russes ne veulent pas construire de routes, c'est pour cela qu'ils ont inventé l'Oural !

— J'aimerais m'attarder quelques jours ici, dis-je à Natalia et Léonid. Dois-je m'enregistrer à la milice ?

— T'en fais pas. C'est nous la milice ! » répond Léonid en levant les yeux au ciel.

À Novy Port, Natalia est mon *krisha*, mon toit, qui me protège, comme il en faut en Russie pour vivre sans souci. Dans ce pays, une personne d'influence a plus de poids qu'une loi.

Natalia est le seul médecin du village. Elle partage ses locaux avec le dentiste. Lorsque Natalia est indisponible, le dentiste soigne les grippes et lorsqu'il est parti, elle fait avec les moyens du bord. Les enragés de la dent et les malades critiques sont expédiés en hélicoptère à Yar Salé.

En arrivant à Novy Port, j'ai été accueillie par des remparts de cageots empilés devant un hangar en bois construit sur un ponton. Quelques vieux Nenets, vêtus de combinaisons beiges, hissaient leur barque sur la plage, les filets débordant de poissons.

De retour dans sa cuisine, Natalia me parle de la pêcherie, comment elle fut construite par les déportés, comment elle devint une entreprise florissante après la mort de Staline et faillit s'écrouler au début des années 1990. Elle renaît aujourd'hui, aidée par Gazprom et l'administration régionale. Un gisement de gaz a été découvert à quinze kilomètres de Novy Port et de nouveaux capitaux sont apparus. Natalia passe un coup de fil sur son portable gros comme une brique et m'obtient un rendez-vous avec Nikolaï, le directeur de la pêcherie.

À l'heure convenue, je me présente au Novoportsky Ribzavod[1]. La secrétaire m'offre un café et me fait entrer dans le bureau du directeur. Un homme en costume gris et bottes de cow-boy me serre la main et se rassied devant un poster de Poutine scotché au mur.

« Que puis-je faire pour vous ?

— Pourriez-vous me raconter comment se passe la pêche dans votre pays ? »

Ma question le ravit. Il peut ainsi vanter les prouesses de ses hommes de mer. Il me décrit un

1. En russe, usine de poisson de Novy Port.

phénomène unique à Novy Port – le *zagar.* Avec la formation des glaces, l'oxygène diminue de plus en plus. À la hauteur du port, la baie est une cuve, les poissons y sont piégés. S'ils vont plus loin, ils n'ont plus d'oxygène. Il n'y a qu'à tendre les filets. Les pêcheurs creusent des trous dans la glace, disposent leurs rets et les halent à tour de rôle, éclairés par des lampes à huile pendant la nuit polaire. Ils se réchauffent dans des tentes de fortune sur la glace. Cette année, la pêcherie a construit des cabanes sur les rives.

« Il y a tellement de poissons qu'il n'y a pas de risque de surpêche », dit Nikolaï.

Il veut embaucher quatre-vingts personnes. J'ai vu ses annonces sur des poteaux télégraphiques. Chaque brigade comprendra huit à dix pêcheurs et une cuisinière. En novembre, les pêcheurs seront déposés en hélicoptère le long de la côte, dispersés sur deux cents kilomètres. Ils partiront avec des vivres pour des semaines et seront ravitaillés. Mars est le mois de pêche le plus intense, lorsque la fonte des glaces des rivières du sud apporte de nouvelles bouffées d'oxygène, les poissons reprennent des forces et se dirigent vers le nord, vers Novy Port.

Au village, plus de deux millions d'euros ont été investis dans une fabrique pour nettoyer et saler les poissons sur place. Pour cela aussi, il faudra de la main-d'œuvre, raconte le directeur. Mais le plus dur, ce sera de trouver des pêcheurs. Des centaines d'hommes sont restés sans travail pendant des années et se sont mis à boire.

Il y a quinze ans, la pêcherie employait encore cinq cents personnes. Depuis, elle a fermé et rouvert plusieurs fois, criblée de dettes – une pathologie commune chez les ex-entreprises d'État. Ceux qui le pouvaient se sont enrichis sans scrupules en piquant dans la caisse, laissant les salariés sans paye pendant des mois. Le sponsor, cette fois-ci, c'est la région, du cash plein les coffres grâce au gaz.

« Il faut que les gens comprennent que la pêcherie est un bon business. Si on les paie bien, cela se saura et les volontaires afflueront, dit-il. Novy Port est la capitale de la pêcherie, Yar Salé, celle de l'industrie de la viande de renne. Là-bas aussi on est en train d'investir dans des nouvelles infrastructures. »

Je salue le directeur de la pêcherie en lui souhaitant bonne chance pour tous ces travaux et pars marcher seule sur la plage. Comme à Gyda, il y a de la ferraille partout, des pneus, des moteurs, même un vezdyékhod abandonné. Quelle tristesse ! Je commence à m'habituer à ces déchetteries de l'Arctique.

Deux vieux pêcheurs nenets discutent sur un banc devant une petite maison verte en bois. Ils n'ont pas l'air avenant mais je tente ma chance. Je me présente. L'un d'eux a perdu ses dents de devant à cause du froid. La pêche à Novy Port n'est pas un métier pour les faibles. Il faut aller loin sur la glace et relever des filets lourds comme du plomb. Il fait parfois – 50 °C. Comme dans les mines, il faut mépriser le danger.

« Cela fait trente ans que je travaille ici et l'on ne me donne même pas un appartement, se plaint l'un des pêcheurs. On invite des Ouzbeks, des Arméniens à travailler et, trois ans après, on leur octroie un logement. Vous trouvez cela normal, vous ? Avant l'arrivée des Russes, il n'y avait que des tchoums sur les rives. Ça fait des générations qu'on pêche ici. Nous autres, les Nenets, on n'a pas attendu les Russes pour savoir qu'il y avait du poisson à Novy Port. »

Les deux hommes ont à faire et rentrent chez eux. Je poursuis mon chemin. Des bécasseaux piquent le sable à travers une fine couche d'eau à la recherche de vers. Du sommet d'une dune, jaillissent les extrémités de deux poutres jointes avec de l'herbe et du sable. Les zemlyanki ! Les maisons souterraines ! C'est donc là que vivaient les déportés, abandonnés sur la plage.

« Comme des bêtes, comme des bêtes, comme des bêtes », je me répète à voix haute.

Me voici au cœur d'un musée qui n'en porte pas le nom. Les restes de ces gîtes du désespoir sont lapés par les vagues. Les poutres s'effritent et pourrissent. Un jour, tout disparaîtra, emporté par la mer.

En Sibérie, il ne reste presque plus de traces du système tortionnaire des Soviétiques. Ici, sur la plage de Novy Port, pas plus qu'à Vorkouta ou Labytnangui, n'ai-je vu de plaque ou de sculpture perpétuant le souvenir des atrocités. Quel contraste avec l'Allemagne et plus particulièrement dans des villes telles que Berlin où, sur le palier des appartements de centaines de déportés, on lit, gravés dans un pavé en bronze vissé dans le bitume, leur nom et la date à laquelle ils furent envoyés dans les camps de la mort. Les Allemands paient encore pour leur passé nazi. Ils ne semblent pas près d'oublier. Fille d'un Allemand immigré au Canada, je l'ai souvent ressenti dans ma famille ou en visitant mes cousins d'outre-Rhin. La honte est toujours là. La Russie, elle, refuse le devoir de mémoire. Les goulags, les exilés, les fusillades à tour de bras, les enfants massacrés, il ne faut plus en parler. Staline était un grand homme, proclament les nouveaux historiens. Ses actes étaient justifiés. Le peuple russe s'est résigné à l'acharnement de l'État contre les siens, contre les innocents, comme si une force impitoyable l'empêchait de se rebeller.

Aujourd'hui, la Russie tente d'effacer les chapitres sombres de son passé afin de justifier un retour à un régime plus autoritaire. La liberté sous Eltsine n'était qu'une pause, une fenêtre que l'on s'est empressé de refermer. Le régime de Medvedev et de Poutine se durcit d'année en année.

En 2009, le parlement russe, la Douma, a débattu une loi qui permettrait aux procureurs d'inculper de traîtrise toute personne critiquant publiquement l'État ou sa politique – ramenant aux temps de Staline où toute voix dissidente était ennemie. Pour l'instant, cette loi n'a pas encore été votée. Mais elle pourrait passer. J'ai deux amis journalistes anglais qui sont interdits de séjour en Russie parce qu'ils ont publié des reportages trop détaillés sur la guerre en Tchétchénie. En juillet 2009, Mémorial, une organisation qui défend les droits de l'homme en Russie, a dû cesser ses activités en Tchétchénie suite au meurtre de l'activiste Natalia Estemirova. Elle en savait trop sur les exactions des autorités locales. Mémorial fait des recherches sur les victimes des persécutions politiques et les purges de Staline. Elle mène aussi des enquêtes sur les fosses communes demeurées secrètes. En décembre 2008, une phalange d'hommes masqués a envahi les bureaux de Mémorial de Saint-Pétersbourg et confisqué ses fichiers d'ordinateur et des disques durs contenant des milliers de témoignages. Les activités de l'organisation ne sont pas du tout du goût du Kremlin. Beaucoup de Russes ne souhaitent pas cultiver les douleurs du passé. Le musée du Goulag de Moscou, à deux pas de la place Rouge, reçoit peu de visiteurs et menace de fermer.

La Russie ne fera jamais le travail de *mea culpa* qu'a fait l'Allemagne, le président russe ne s'agenouillera pas pour demander pardon comme l'a fait Willy Brandt. Moscou n'organisera pas de cérémonies en honneur des victimes du régime. Cette plage de Novy Port, où les traces des déportés disparaîtront bientôt, représente un puissant symbole de la culture de l'oubli dans ce pays.

À quelques mètres des zemlyanki, la rive est piquetée de croix orthodoxes. Le cimetière faisait partie du lieu de vie des exilés. Je peine à l'atteindre. Je m'enlise parmi les herbes folles. Les barrières autour du cimetière se tordent et les croix des tombes s'inclinent. Quelques-unes portent encore une plaque métallique sur laquelle le nom du défunt a été gravé en pointillé avec un clou. Les tombes, peu profondes, sont égayées par un tapis d'airelles, de bleuets et de champignons. La nature les a décorées à sa façon, hommage à ces hommes et femmes qui ne se doutaient jamais qu'ils finiraient ici un jour. Sur l'une des plaques, on peut lire : Tamora L. Mélikhova, née le 10 février 1953, décédée le 27 juillet 1953. Un petit être s'est accroché à la vie, puis a lâché.

Le ciel s'assombrit. La pluie menace de tomber. Je

choisis de regagner Novy Port par la plage plutôt que par cette toundra hostile.

De retour chez Natalia, je lui raconte le cimetière et les zemlyanki. Elle réfléchit puis plonge dans sa bibliothèque pour en extraire un livre. Il contient le témoignage d'une femme au visage carré et cireux, Maria Mikhailovna Sirotyan, de Moldavie, déportée à l'âge de dix-neuf ans : « En 1941, ils nous ont amenés en bateau, non pas d'abord à Novy Port, mais à Yaptik. Nous étions tous des exilés et n'étions pas considérés comme des êtres humains. Le voyage fut long et éprouvant. Je n'oublierai jamais la tempête terrible qui détruisit tout à bord et balança nos vivres à l'eau. Ce fut un vrai miracle que nous soyons restés vivants. Plus tard, ils nous ont déposés malades et sans chaussures sur la rive. Autour de nous, il n'y avait rien, à part la toundra nue. Tout espoir de revoir nos proches diminuait d'heure en heure. Notre combat pour la survie a commencé ainsi. Lorsque le ressac nous a rendu nos vivres, l'espoir est revenu. Nous avons ramassé la farine mêlée avec du sable et cuit des pains. Il n'y avait rien à manger. À cette époque, le scorbut emporta de nombreuses vies. Pendant le seul mois de mai, nous avons enterré soixante-dix personnes. Là-bas, à Yaptik, il y a la tombe de mon frère. Nous n'avions nulle part où vivre, c'est pourquoi nous avons construit des zemlyanki. Dans chacune, s'entassaient une cinquantaine de personnes. Voilà comment j'ai vécu pendant un an. Ensuite, ils m'ont envoyée à Novy Port travailler à la pêcherie. En ce temps-là, il n'y avait qu'une boulangerie et trois-quatre maisons. Pendant la guerre, je suis restée ici. Neuf années, j'ai pêché et travaillé comme cuisinière. Dans notre brigade, il y avait onze jeunes filles et un brigadier. Tous les hommes étaient partis au front. Lorsque nous pêchions, à quinze kilomètres de Novy Port, il n'y avait rien, ni voitures ni tracteurs. Nous tirions tout nous-mêmes, sur des traîneaux. L'été, les *mouzhiki* creusaient à la pelle une glacière souterraine et les femmes déblayaient la terre. L'architecte de ce projet s'appelait Beckman. S'il avait été quelqu'un d'autre, il aurait été décoré, mais comme nous étions tous des déportés, il n'a même pas eu droit à un merci sincère. Le souvenir de cette terreur, de cette famine et de ce froid m'est douloureux... Il n'y a qu'une chose que je demande à Dieu : que cela ne se reproduise jamais sur cette terre[1]. »

J'ai déjà entendu parler de Beckman, Gustave de son prénom, un ingénieur allemand. Les filles du pique-nique d'hier m'ont raconté qu'il fut déporté de Leningrad en 1942. Il travailla d'abord pour la pêcherie puis dirigea le projet de construction du *merzlotnik* (la glacière) de Novy Port au début des années 1950. Elle fut creusée dans le permafrost pendant dix ans au pic et à la pelle. Travaux cyclopéens. Avec ses trois kilomètres de galeries, la glacière naturelle de Novy Port est la plus grande du monde, taillée à la main.

1. A.A. Davidenko, G.S. Zaytsev, N.M. Sambourov, Z.P. Safarbekova, N.V. Figol, A.I. Tchepiga, *Kraï Zemli, Ustremlyonyi v Buduschee* (Le Bord du monde, en avant vers l'avenir), Saint-Pétersbourg, Russkaya Kollektsia SPB, 2005, p. 143-144.

« Le merzlotnik est l'une des attractions principales du village, dit Natalia. Je vais demander à une amie qui y travaille si on peut te la montrer. »

Natalia a entendu tant de récits de déportés qu'elle s'est imprégnée de leur souffrance. Le lendemain, nous traversons le village. Pour stabiliser la route ensablée, des poutres en bois ont été alignées sur le sol par les déportés. Coupées de façon inégale, elles sont rivetées par des tiges métalliques tordues.

Accrochée à la rive, la pêcherie de Novy Port est connectée à la glacière par un tapis roulant. À l'extérieur, tout est en bois gris : le ponton sur pilotis, les piles de cageots et le hangar adjacent à la glacière. Je pousse une porte au milieu d'un mur dont les feuilles noires d'isolant industriel se décollent et m'enfonce dans un couloir entièrement givré. Je marche à tâtons sur la glace vive taillée en escalier. Les cristaux scintillent comme des diamants sous les ampoules qui pendent ici et là. Au sol, des stries laissées par les pics à glace sont la signature posthume anonyme de ces forçats du Goulag. Quelques poissons congelés éparpillés dans les coins. Les galeries sont fractionnées en grottes, fermées par une porte en bois franc sur laquelle est écrit au feutre le nom des poissons stockés : *Mouksoun* (salmonidé), *Nalym* (lotte), *Nelma* (saumon de Sibérie). La glacière peut contenir jusqu'à deux mille cinq cents tonnes de poissons. Il y fait moins 9 °C l'été et moins 12 °C l'hiver. Lorsque les glaces de la baie de l'Ob s'amincissent au printemps, les cargaisons sont expédiées à travers toute la Russie.

Ce merzlotnik est une merveille. Il devrait être sur

la liste du patrimoine mondial de l'Unesco. Il témoigne à la fois de l'horreur des goulags et du courage des zeks. Les déportés de Novy Port devaient en être fiers. Depuis des années, la glacière contribue à la prospérité du village. Nous revenons à la surface, les lunettes embuées mais la tête claire.

Le permafrost n'est pas un mythe. La terre est bien gelée sous nos pieds. Si les températures continuent de grimper, ce merzlotnik ne sera plus qu'une fondrière et les maisons de Novy Port s'écrouleront. Quelques-unes s'affaissent déjà, sur la côte. Leurs fenêtres ne sont plus alignées, leurs murs se craquèlent et leur toit s'aplatit.

Du rock russe envahit le port. Le *plavmagazin* vient d'arriver. Les habitants du village s'y précipitent. Natalia et moi les suivons. Je croise les mêmes Nenets et les mêmes Russes pour la deuxième ou troisième fois. Novy Port doit compter mille âmes environ.

Nous sautons à bord du magasin flottant. Les vendeurs de ce navire me font penser à des videurs de boîte de nuit. Ils traitent à la tête du client. Ils négocient jeans, appareils photo, télévisions, comptoirs de cuisine et mille autres produits. Mais Natalia est déçue. Ils n'ont ni pommes de terre ni tomates. Les bananes s'échangent à trois euros le kilo. On doit trouver ici des peaux d'ours et des défenses de mammouth. Natalia n'achète qu'un pot de crème fraîche. Elle n'aime pas la cuisine russe et son congélateur est plein de poissons et de cuissots de renne.

« La crème fraîche, c'est pour ma petite sœur Yékaterina. Je vais te la présenter. Je lui ai parlé de toi. »

Nous marchons jusqu'à la lisière du village. Un petit bout de femme, plus menue que Natalia, nous ouvre les deux portes blindées de son appartement dans un immeuble en béton. Elle se nomme Yékaterina. Les deux sœurs se saluent à peine, comme si elles venaient de se quitter. Yékaterina nous invite à partager une soupe de bolets ramassés ce matin lors de son jogging quotidien dans la toundra. Natalia sort la crème fraîche.

« Même lorsqu'il fait – 20 °C, je vais courir, me dit Yékaterina. Vas-y mange, mange pendant que c'est chaud ! »

L'évier de Yékaterina me fait penser à celui que j'avais à Gyda. Il y a un seau en dessous. Yékaterina n'a pas de toilettes non plus. Elle utilise un autre récipient dont elle balance le contenu dans les fosses septiques publiques du village. Natalia et moi devons être parmi les seules à jouir du confort moderne à Novy Port.

Yékaterina, une femme énergique aux yeux noirs pétillants, enseigne le russe et le nenets à la maternelle de Novy Port. Elle n'est pas du genre à se laisser accabler par les petits soucis du quotidien. Elle a élevé seule ses deux filles de maris différents. Elle étoffe ses revenus en vendant des produits de la compagnie américaine de vente directe Amway. Son appartement fait office de dépôt. On trouve chez elle des crèmes antirides, du rouge à lèvres, des vitamines, des teintures pour les cheveux et des shampoings en tout genre. Une caverne d'Ali Baba pour les femmes de Novy Port.

Fille de la toundra comme sa sœur, Yékaterina

habite un village qui n'existait pas il y a un demi-siècle, tape sa comptabilité sur un ordinateur portable Dell et passe ses commandes chez Amway par téléphone, lorsque les lignes marchent. Le commutateur du village saute de temps en temps. Si le responsable est à la chasse ou aux champignons, les habitants ne peuvent pas communiquer pendant des heures, parfois des jours. Ce village porte encore quelques oripeaux de son passé soviétique. Dans dix ans, il aura une autre allure. Je l'aurai connu en pleine mutation.

Yékaterina et moi nous installons sur son canapé-lit, le standard brejnévien.

« La vie du tchoum ne vous manque pas ?

— Non. Je vais régulièrement voir mes cousins et j'en profite pour bavarder avec les anciens. J'enregistre leurs contes en nenets et les traduis en russe. Tu vois cette pile de papiers. Ce sont toutes les histoires qui m'attendent ! Ces chansons se perdent, dit Yékaterina. J'ai un copain, un jeune peintre qui les collectionne aussi. Ensemble, nous faisons de notre mieux pour préserver l'histoire nenets. »

En plus d'être institutrice et femme d'affaires, Yékaterina est chasseuse de contes ! Truffée d'expressions et de proverbes anciens, la langue des contes nenets n'est pas facile à traduire. Yékaterina et son ami sont à ce point intégrés à la société moderne qu'ils ont conscience de la fragilité de leur héritage culturel. Elle souhaite partager avec moi l'une des histoires qu'elle a récoltées.

« Cela s'est passé il y a une vingtaine d'années dans la toundra de Panaïevsk que tu connais. Un matin, au réveil, le nouveau-né de la famille a disparu. Toute le monde le cherche, fouille près du lac, dans les buissons. Pas de signes du nourrisson. Au bout de quelques jours, la mère pense qu'il faut demander de l'aide auprès d'une chamane qui habite à une semaine de voyage en traîneau à rennes. Le père du bébé s'y oppose mais les grands-parents sont prêts à partir. La famille se met en route et rejoint le tchoum de la chamane après un long voyage sous la pluie. Ils montent le camp et offrent un renne en sacrifice à la chamane, qui refuse pourtant de leur porter secours. “Regardez-moi, je n'ai plus de dents, leur dit-elle. Je ne sers plus à rien.” Mais la mère ne lâche pas prise et, au bout de plusieurs jours de siège, la chamane cède. Elle leur dit : “Très bien, je vais vous aider, mais il faudra que vous soyez tous présents.” La chaman se rend dans leur tchoum et s'agenouille près du feu. Elle frappe son tambour et chante des incantations. Les pans à l'arrière de la tente s'ouvrent. Elle prononce ces mots : “Souvenez-vous, il y a quelque temps, un éclair a frappé. C'était un esprit maléfique. C'est lui qui a dérobé votre enfant pour se venger de lui avoir manqué de respect. Si tous, sans exception, avez foi en moi, l'enfant reviendra dans trois jours et ne parlera pas pendant un an. Mais si l'un de vous ne me croit pas, alors l'enfant reviendra dans trois jours – sans vie.” Toute la famille accueille ses paroles sauf le père qui se méfie de la chamane depuis le début. La prédiction s'accomplit. Au réveil du troisième jour, le bébé apparaît, assis dans son berceau, une capuche sur la tête, comme si quelqu'un l'avait posé là et arrangé de cette façon. Il était mort. Voilà », termine Yékaterina.

Je reste suspendue à ses lèvres. Je suis sous le tchoum, près du feu et me laisse porter par ses histoires. Je vacille entre fiction et réalité. La vie est parfois plus surréaliste qu'un rêve.

« Il y a plusieurs sortes de contes : ceux qui sont réservés à un cercle restreint et les autres, continue Yékaterina. Les conteurs ne partagent pas toutes leurs histoires, sinon elles perdraient leur caractère sacré. Mon père était un bon conteur. Les éleveurs faisaient le détour pour venir l'écouter. En ce temps-là, on n'avait pas besoin de cent grammes de vodka pour délier sa voix. Il y a quelques automnes, Gosha, un Nenets de Novy Port, est parti à la pêche avec son frère et un *toundravik* (un homme de la toundra). Ils arrivent en fin de journée et posent des filets dans le lac. Ils s'asseyent sur la berge et vident une bouteille de vodka. Au crépuscule, chacun va chercher du bois pour faire un feu. Lorsque Gosha et le toundravik reviennent, ils trouvent le frère de Gosha immobile, les yeux remplis d'effroi, la bouche ouverte. Impossible de lui extraire un mot. Le toundravik dit à Gosha : “Nous ne pouvons pas rentrer au village, il faut que nous attendions qu'il parle.” Les deux hommes le veillent toute la nuit. Au matin, le frère de Gosha marmonne deux mots incompréhensibles. Le toundravik dit : “C'est bon, nous pouvons y aller.” Ils remontent les filets et reviennent au village. Le toundravik frappe à la porte d'un ami pour lui demander de l'argent. Il a besoin d'acheter une autre bouteille de vodka. Selon lui, l'esprit du lac était vexé de ne pas avoir reçu un peu de vodka en offrande et a effrayé le frère de Gosha pour le punir. Le toundravik retourne au lac à la première heure le lendemain et verse de l'alcool pour apaiser son esprit hôte. Le frère de Gosha mettra des semaines à retrouver la parole et n'a jamais pu décrire ce qui l'a traumatisé. »

Morale de l'histoire : gare à celui qui boit de la vodka sans en donner à l'esprit des lieux.

Yékaterina devrait colliger ces histoires pour en faire un livre. Il est une heure du matin. Nous nous serrons dans nos bras et nous promettons de nous revoir.

Je traverse Novy Port en faisant attention aux chiens errants. Ils attaquent les hommes sans crier gare. Les morsures de ces bêtes sont les blessures que Natalia soigne le plus souvent. Dès que j'aperçois une meute, je marche à l'écart et ne regarde jamais un chien dans les yeux.

Yar Salé

Un hélicoptère part aujourd'hui pour Yar Salé, au sud de la péninsule de Yamal, où je compte retrouver mon ami Kirill avant de retourner à Salekhard puis à Moscou.

Le mari de mon hôte Natalia, Dima, le maire de Novy Port, vient de descendre de l'engin dans lequel je vais repartir. Nous nous attablons dans leur cuisine. Dima parle des soucis du village et des projets d'exploitation de Gazprom. Le géant gazier est une pieuvre avec des tentacules partout. Gazprom investit des sommes importantes dans la région. Grâce aux revenus du gaz, les villages du Grand Nord sibérien tels que Novy Port ont assez d'argent pour construire des écoles, des routes et financer de nouvelles entreprises.

Puis la conversation prend une tangente et nous parlons de l'histoire des nomades. Les Nenets ont eu de grands chefs. L'un des plus puissants régnait sur l'archipel de la Nouvelle-Zemble. Il fut assassiné par les Soviétiques. Toute la population fut évacuée au début des années 1950 pour faire place aux essais nucléaires.

« Ma famille a été dévastée par le cancer, raconte Dima, mes parents, mes grands-parents, mes tantes et mes oncles. »

Les radiations furent portées par les nuages et les vents. Mais personne ne parle de cela. Les Russes refusent de laisser les scientifiques faire des tests et l'on ne verra jamais d'articles de presse là-dessus. Il y a peu de chance que les médias étrangers reçoivent les autorisations nécessaires pour faire un reportage.

En 1995, aux balbutiements de ma vie russe, j'ai été témoin des ravages radioactifs dans les environs de Tchéliabinsk, au sud de l'Oural où j'étais tombée amoureuse d'un musicien. Le guitariste de son groupe de rock avait grandi à Tcheliabinsk-40, aujourd'hui Ozyorsk, une ville fermée. C'est là que se trouve Maïak, l'un des principaux sites de production de plutonium du pays. Une grave accident nucléaire s'y est produit dans les années 1950. La population n'en fut pas informée.

Pendant des décennies, on a déversé les liquides de refroidissement des réactions nucléaires dans les cours d'eau environnants. Les habitants tiraient cette même eau polluée des rivières pour cuisiner et se laver. Des centaines et des centaines d'individus ont péri, dévastés par le cancer ou des malformations physiques liées à la contamination nucléaire. Des bébés monstres sont nés, sans peau sur le crâne ou sans colonne vertébrale. Des organisations humanitaires m'ont montré des photos de ces bébés génétiquement modifiés. Elles tentaient désespérément de saisir l'opinion publique. À l'époque, en 1995, les autorités locales faisaient la sourde oreille. Pourtant, une bonne partie de l'Oural avait été contaminée. Cela ne faisait que six mois que j'étais en Russie. J'avais vingt-deux ans. Déjà, je ne comprenais pas pourquoi le gouvernement russe s'acharnait ainsi contre son peuple.

Natalia souhaite que je me prépare à partir et glisse dans mon sac un pot de confiture d'airelles. Je m'assieds dans son salon quelques minutes pour me recueillir avant de prendre les airs et la route du sud.

Je quitte Novy Port, le pas souple. Ce village me fait penser à Salekhard. Une nouvelle civilisation sibérienne est en train de voir le jour. Cette région va se transformer aussi rapidement que la calotte arctique va fondre. Bientôt, l'histoire du monsieur qui privait le village de téléphone lorsqu'il allait aux champignons ne sera plus qu'une anecdote du passé qui amusera les visiteurs. Comme le dit mon ami photographe Bernard Hermann qui a parcouru la planète, le monde change si vite qu'il efface l'Histoire, rendant les peuples amnésiques. Qui se souviendra des déportés de Novy Port, lorsque les derniers témoins de leur agonie seront morts à leur tour ? Grâce au gaz et à l'industrie de la pêche, Novy Port deviendra une ville moderne, intégrée au reste du monde, comme toutes les autres. N'est-ce pas le destin de tous ceux qui se laissent embarquer dans la course vers le progrès et la prospérité ?

Je me rends à l'aéroport : quatre plaques de béton posées dans l'herbe et un cabanon. À bord de l'hélicoptère, une brochette d'hommes d'affaires russes en blouson de cuir se serrent sur la banquette.

Des lacs noirs défilent sous mes yeux. J'y trempe

ma plume. En automne, la toundra est une agate fraîchement taillée. Elle marie les couleurs chaudes de la saison, le brun foncé, le violacé, le carmin et l'or orangé.

Le vol ne dure que quarante minutes. Mon ami Kirill m'attend. Je reconnais sa silhouette d'ours. Mi-nenets, mi-russe, Kirill est un candide sous des airs d'animal féroce. Il me conduit chez sa mère et m'y laisse pour la nuit. Il m'a promis de me présenter son chaman, celui qui le conseille et le protège. J'espère qu'il s'en souvient.

Le soir venu, sa mère Sofia m'invite à la rejoindre dans la cuisine, là où s'enracinent toujours les meilleures conversations. Je lui parle de la visite prévue chez le médecin de l'âme de Kirill. Elle le connaît et l'apprécie. Il lui a donné un baume pour ses douleurs aux jambes.

Sofia croit aux guérisseurs. À l'âge de douze ans, un chaman lui a prédit que, si elle restait dans la toundra, elle mourrait. Lorsque la jeune fille tomba gravement malade, son père l'amena à Yar Salé et elle ne quitta jamais plus le village.

« Lorsqu'il plongeait dans ses visions, son visage changeait, raconte-t-elle en parlant du chaman de son enfance. Il fixait un point vers le haut et ne clignait pas des yeux. Il chantait, jouait du tambour, d'abord doucement puis de plus en plus vite et de plus en plus fort. Ensuite, il me dit que je ne vivrai pas longtemps avec les hommes que je rencontrerai et que je n'aurai que deux enfants et le premier d'un étranger, pas un des nôtres. Tout ce qu'il a prédit s'est réalisé. Mais des chamans comme lui, il n'en reste presque plus. »

Le lendemain matin, Kirill m'emmène découvrir Yar Salé – « cap sablonneux » en langue nenets. L'endroit était le lieu de rassemblement des éleveurs de rennes avant la collectivisation. La plupart des nouveaux bâtiments sont sortis de terre il y a moins de cinq ans. Kirill me lâche au musée. Comme celui que j'ai visité à Novy Urengoy, il n'est composé que d'une pièce mais il est mille fois plus intéressant.

L'exposition est dédiée à la bravoure des citoyens de Yar Salé pendant la Grande Guerre patriotique. Aux murs, des portraits de Nenets et de Russes en uniforme, la poitrine bardée de médailles. Des Nenets ont pris Berlin ! D'autres se sont battus sur des skis contre les Finlandais. Certains ont mérité une décoration pour avoir été d'exceptionnels travailleurs du front. Au fond de la pièce, encore des animaux empaillés. La taxidermie est une obsession dans la région. Ces bêtes figées me dérangent. Parmi elles, un ours brun, un loup argenté et une hermine. À leurs côtés, un tas d'ossements et de défenses de mammouth.

Mais l'animal le plus étrange de tous est Guénady Stépanovitch Zaïtsev, le directeur du musée. Il me salue et me plante sur une chaise dans son bureau.

« D'où venez-vous ?

— De la toundra. Et vous ?

— Je suis ataman, chef de la division polaire des Cosaques de Sibérie orientale.

— Ah.

— Notre devise : "Notre vie à la patrie, notre foi à Dieu et notre honneur – à personne !" »

Les Cosaques sont les gardiens des frontières du

pays depuis des siècles, les premiers à partir au front lorsque la guerre a été déclarée. C'est grâce à eux que Yermak a conquis une partie de la Sibérie à la fin du XVIe siècle. Ils ont aussi participé à la fondation d'Obdorsk en 1595, aujourd'hui Salekhard. Ce sont eux qui ont mis en déroute les armées de Napoléon. Avant la Révolution de 1917, les Cosaques comptaient des milliers d'hommes basés entre autres à Rostov-sur-le-Don, Astrakhan, Kouban, Omsk et Orenbourg.

Une fois le pouvoir en main, l'un des premiers objectifs des bolcheviques fut d'anéantir les Cosaques, car cette force militaire était la mieux organisée et la plus redoutée du pays. Les Rouges se sont empressés de détruire toute menace à leur autorité. Les Cosaques furent déclarés ennemis du peuple, bannis ou fusillés. Ce n'est qu'en 1941, lorsque Staline eut besoin d'eux, qu'ils furent temporairement réhabilités. Depuis 1992, l'esprit des Cosaques renaît. À Salekhard, une école de cadets a été construite et de plus en plus de jeunes grossissent ses rangs. Les Cosaques élisent leur ataman, comme Zaïtsev, démocratiquement.

« Poutine dit que l'histoire de la nouvelle Russie ne peut se faire sans nous. Il a raison, dit Zaïtsev. Aujourd'hui, mon fils sert dans l'armée russe en Tchétchénie... »

Au cours de notre discussion, Zaïtsev devient un personnage de film d'Eisenstein avec sa fière allure, son regard perçant comme une flèche, ses moustaches fines et sa voix autoritaire. Je l'imagine en train de mener ses troupes au combat, de cracher à la face du premier insolent et de rompre ses soldats à la discipline de sa nagaïka. Mais il est aussi un amoureux du Yamal. Je lui plais parce que j'ai marché seule dans la toundra et que je m'intéresse au passé.

« Connais-tu Léonid Lapsui, le poète nenets ?

— Non. »

Il se lève et ouvre une main vers le ciel.

Celui qui n'a jamais été dans la toundra de notre
[Yamal,
N'a pas dormi dans un trou creusé dans la neige,
N'a pas marché contre le vent sur des chemins étroits
À travers des nuages épais de moustiques
Envoyés par on ne sait quel dieu,
N'a pas été aveuglé, les pieds paralysés par la
[tempête,
Celui qui n'a pas cherché son chemin parmi les
[marécages
Comment peut-il juger notre région[1] *?*

Il se rassied.

« Et toi, qu'est-ce que tu penses de notre Yamal ?

— Que je pourrais y vivre, un certain temps. »

Je ne pouvais pas lui faire plus plaisir.

« Vraiment, tu choisirais le Yamal plutôt que Paris ?

— Oui. Paris sera toujours Paris mais le Yamal... je ne suis pas sûre. Tout est en train de changer ici.

— Ah ! J'ai envie de boire de la vodka avec toi ! »

1. Leonid Lapsui, *Gde Zvyozdy ne Gasnout* (Là où les étoiles ne s'éteignent pas), Moscou, Sovietsky Pisatel', 1981, p. 22.

Il sort une bouteille, deux petits verres et des cornichons vinaigrés. Un toast aux belles femmes du monde, un autre aux Nenets du Yamal, aux Cosaques de Sibérie, à ma prochaine marche dans la toundra et puis... je ne me souviens plus. Kirill me racontera la suite le lendemain. Il m'a retrouvée au musée, m'a portée sur ses épaules comme un cadavre et m'a jetée sur le canapé chez sa mère où je me suis réveillée le lendemain avec un tambour cosaque à la place de la tête.

« Tu es prête pour aller voir le chaman ?

— Hein ?

— Prépare-toi. J'ai tout organisé. Le bateau nous attend. Habille-toi vite. »

J'ai besoin d'une transfusion sanguine pour bouger un doigt. Comment vais-je faire ? Je me rendors. Kirill me jette un verre d'eau à la figure.

« Davaï ! Davaï, poïékhaly ! »

Je m'habille avec peine, gobe deux aspirines et franchis la porte avec un œil ouvert.

Nous atteignons l'estuaire où des canots à moteur gisent dans la vase. Un ami de Kirill et sa fille nous attendent. Nous empruntons une rivière étroite et sinueuse qui se contracte comme une couleuvre à travers les hautes herbes, jaunies par le froid. Kirill sort sa carabine.

« Tu sais tirer ? me demande-t-il.

— Non, pas vraiment.

— Bon, tu me trouves des canards et je les descends, d'accord ? »

La chasse le galvanise. Lorsqu'il se lève pour viser, son regard devient noir et ses mouvements violents.

Kirill n'est plus un être humain mais un plantigrade. L'homme n'est jamais loin de l'animal. J'ai envie de chanter cette ballade du barde et poète dissident Vladimir Vyssotski : « Pourquoi, j'voudrais savoir pourquoi, pourquoi, elle vient trop tôt la fin du bal. C'est toujours les oiseaux, jamais les balles, qu'on arrête, en plein vol. »

Ma tête est encore embrumée par la vodka d'hier. Mon champ de vision n'est pas plus large qu'un tunnel. Je fixe les flots. Je ne sais toujours pas où nous allons. Nous évoluons à travers un labyrinthe fluvial. Chaque rivière se divise en deux ou trois bras. Je ne pourrais jamais retrouver mon chemin si je devais revenir seule. Et si nous allions vraiment rencontrer le chaman de Kirill ? Que vais-je lui demander ? Comment devrai-je me comporter ? Est-ce que je ne mets pas un peu trop d'espoir dans cette rencontre ? J'ai l'impression de vivre un rêve éveillé.

Nous nous arrêtons de temps en temps pour repêcher les canards tirés. Ils s'empilent dans le fond de la barque. Je les trouve magnifiques et pleure discrètement pour eux. L'ami de Kirill qui conduit le bateau ne parle pas russe et ignore mes questions sur notre destination.

Enfin, nous accostons près d'un village perché sur une colline dont je ne saurai jamais le nom. Nous gravissons la côte qui y mène. Trois chevaux et un poulain déambulent librement sans licou. Un Nenets attelle un traîneau à une mobylette. Je vois un autre au loin conduire une Niva sur l'unique route des environs, qui ne fait qu'un kilomètre et demi. La télé a dit que le bonheur était dans la voiture. Le lasso de la globalisation n'épargne personne.

Kirill me traîne dans plusieurs maisons en rondins de bois. Je le suis comme un chien. Nous frappons à la porte d'une cabane. Une jeune Nenets nous ouvre, un bébé dans les bras. Deux hommes discutent dans sa cuisine. Kirill se joint à eux. Je ne sais pas où me mettre et m'assieds auprès de la femme et de son bébé. Elle m'ignore. Je me fais petite. À travers la fenêtre, je regarde le linge qui sèche sur une corde et danse dans le vent. Doux tableau du quotidien. Tout le monde parle nenets. Je ne comprends rien.

« Bon, qu'est-ce que tu attends ? me lance Kirill. Tu vas parler avec le vieux oui ou non ?

— Ah ! Oui oui ! »

Kirill et l'autre Nenets sortent. Un barbu au grand front vient s'asseoir à la table, les mains noueuses et les ongles noirs. Il doit avoir la cinquantaine environ. Sa femme, plus jeune que lui, se place à ses côtés. Elle va jouer les interprètes.

« Que veux-tu ? me demande-t-il en nenets.

— Rien. Je voyage dans la toundra. »

Je ne sais plus quoi dire. Intimidée, soudain ma boîte à idées s'est vidée. J'en ai fait, pourtant, des interviews, et souvent improvisées. C'est mon métier. Mais à cet instant, j'ai perdu tous mes moyens. Je tente de me ressaisir en le remerciant du temps qu'il m'accorde.

« Est-il vrai que notre avenir est tracé ?

— Non, répond-il. Ça dépend. Tout n'est pas écrit.

— Et qu'est-ce que vous pensez de Nga ?

— Rien. Il est le frère de Noum.

— Est-ce qu'il est plus fort que Noum ?

— Non. Chacun pense qu'il est plus puissant que l'autre. C'est pour cela qu'ils se battent. Mais aucun d'eux ne peut gagner car ils sont aussi forts l'un que l'autre.

— Est-ce que vous pouvez guérir toutes les maladies, même l'amour ?

— Non. Il faut que je les attrape à temps. Parfois, il est trop tard. »

Mais sa femme ajoute qu'il peut guérir les maux de ventre et les migraines, parler avec les morts et chasser les mauvais esprits.

« Quels esprits vous aident ?

— Pas toujours les mêmes. Parfois celui de l'eau, celui du feu ou celui du faucon. Ça dépend.

— Combien y a-t-il de mondes parallèles aux nôtres ?

— Ça dépend. On n'accède pas toujours aux mêmes. »

Étrangement, je me contente de ses quelques mots. Son regard et sa présence répondent mieux à mes questions que ses paroles. Je me sens gênée de lui poser toutes ces questions et n'ose pas insister de peur qu'il me batte froid. Il m'avoue qu'il s'attendait à ce que je lui rende visite, traduit sa femme. Il m'a croisée dans ses visions. Puis-je le croire ? Il me prédit que tout ira bien et que je dois continuer à voyager en Russie. Ses mains restent posées sur la table pendant qu'il me parle. Il regarde les arbustes dehors ployer sous le vent. Ses yeux expriment la bonté.

« Donne-moi quelque chose de toi », me demande-t-il.

Je lui tends l'œil de tigre que je porte autour du cou attaché par une lanière de cuir. Il pose la pierre sur une étagère et me donne en échange une pièce cousue dans un galon vermeil.

« Ça t'aidera si tu as mal quelque part. Mets-le dans ton sac quand tu pars en voyage. »

Il parle comme s'il savait beaucoup de choses et ne me pose aucune question. Soudain, il se tourne vers sa femme et dit : *« Mash ! »* (ça suffit, en nenets).

L'homme se lève et quitte la table. Sa femme le suit. Kirill me retrouve dans la rue centrale du village. Je remonte dans la barque. Nous repartons. Le ciel est cotonneux. Le vent sent le gel. Le froid se glisse sous mes vêtements. Je n'en souffre pas. Je sens encore sur mon cœur la main chaude et protectrice de l'homme que je viens de quitter. Ses yeux noirs n'ont pas croisé les miens une seule fois. Peut-être ne le fallait-il pas.

Sans parole ou presque, le chaman vient de me faire comprendre ceci : il faut accepter les mystères, quels qu'ils soient et vivre en harmonie avec l'inconnu. Cette vision du monde change tout. Cet homme m'offre une perle de sagesse, peut-être celle que je suis venue chercher dans le Grand Nord : il n'y a rien à comprendre et rien à attendre. Je dois accepter ma modeste dimension dans l'univers et arrêter de vouloir tout expliquer et contrôler. L'arrogance est le début de la fin. Il faut trouver un équilibre entre la sphère du monde connu et raisonnable et celle de l'irrationnel et de l'inexplicable. Et l'une des passerelles entre ces deux mondes s'appelle la foi. Celui qui a la foi dans le mystère de la vie passera plus facilement d'une sphère à l'autre que celui qui ne l'a pas. Je suis heureuse d'appartenir à la première catégorie.

Assise dans les flaques d'huile à l'arrière du canot, je médite sur le bouleversement qu'est en train de vivre mon être. Ma pensée devient limpide comme jamais. Mon ordre intérieur a été rétabli. Désormais, je me sens acceptée par cette toundra que je trouvais autrefois hostile. J'y ai trouvé ma place. Je peux donc en partir. Les chenaux de la rivière se divisent tels des carrefours de campagne. Je me tiens à la croisée des chemins. Plusieurs voies s'ouvrent à moi. Et, à un moment précis, je comprends que j'ai choisi la bonne.

Bibliographie

Pour en savoir plus sur

L'Arctique :

Éric Canobbio, *Atlas des pôles, régions polaires : questions sur un avenir incertain*, Paris, Autrement, 2007.

Ken S. Coates, P. Whitney Lackenbauer, William R. Morrison, Greg Poelzer, *Arctic Front, Defending Canada in the Far North*, Toronto, Thomas Allen Publishers, 2008.

Gilles Elkaim, *Arktika, Quatre ans d'odyssée sur la banquise*, Paris, Robert Laffont, 2005.

Emmanuel Hussenet, *Le Testament des glaces*, Paris, Transboréal, 2008.

Barry Lopez, *Arctic Dreams, Imagination and Desire in a Northern Landscape*, Londres, The Harvill Press, 1999.

Robert McGhee, *The Last Imaginary Place, A Human History of the Arctic World*, Toronto, Key Porter Books, 2004.

Le chamanisme et/ou l'animisme :

Denis Bon, *L'Animisme, L'âme du monde et le culte des esprits*, Paris, De Vecchi, 1998.

Zhargalma Dandarova et Darima Boudaraevna, *Entretien avec une chamane sibérienne*, Genève, Labor et Fides, 2007.

Bertrand Hell, *Possession et chamanisme, les maîtres du désordre*, Paris, Flammarion, 1999.

Gavrill Ksenofontov, *Les Chamanes de Sibérie et leur tradition orale*, suivi de *Chamanisme et christianisme*, Paris, Albin Michel, 1998.

Leonid Lar, *Kultovye pamyatniki Yamal Khebedyeya. Les Endroits sacrés du Yamala Khébedyeya*, Institut des problèmes d'assimilation dans le Nord, Tioumen, 2003.

–, *Shamany i Bogy* (Chamans et dieux), Tioumen, Institut des problèmes d'assimilation dans le Nord, 1998.

Juha Pentikäinen, *Shamanism and Culture*, Helsinki, Éditions Etnika Co, 2006.

–, *Golden King of the Forest, the Lore of the Northern Bear*, Helsinki, Etnika Oy, 2007.

Bernard Saladin d'Anglure, *Être et renaître Inuit, homme, femme ou chamane*, Paris, Gallimard, 2006.

Piers Vitebsky, *Les Chamanes*, Paris, Albin Michel, 1995.

Les goulags :

Anne Applebaum, *Gulag : A History*, New York, Random House, 2003.

Margarete Buber-Neumann, *Déportée en Sibérie*, Paris, Le Seuil, 2004.

Varlam Chalamov, *Récits de la Kolyma*, Lagrasse, Verdier, 2003.

Gustaw Herling, *Un monde à part*, Gallimard, 1995.
Nicolas Werth, *L'Île aux cannibales, 1933, une déportation-abandon en Sibérie*, Paris, Perrin, 2006.

Les Inuits :

Giulia Bogliolo Bruna, *Apparences trompeuses*, Montigny Le Bretonneux, Yvelinédition, collection « Latitude Humaine », 2007.
Gretel Ehrlich, *This Cold Heaven, Seven Seasons in Greenland*, New York, Vintage Books Edition, 2003.
Pauline Huret (dir.), préface de Michèle Therrien, *Les Inuits de l'Arctique canadien*, Québec, Université Laval, 2003.
Jean Malaurie, *Terre mère*, Paris, CNRS éditions, 2008.
–, *Les Derniers Rois de Thulé, avec les esquimaux polaires, face à leur destin*, Paris, Plon, 1989.
–, *Hummocks 1, Avec les chasseurs de morses et de caribous de l'Arctique central canadien*, Paris, Plon, 1999.
Georg Quppersimaan, *Mon passé eskimo*, Paris, Gallimard, 1992.
John L. Steckley, *White Lies about the Inuit*, Peterborough, Broadview Press, 2008.
Kira Van Deusen, *Kiviuq, an Inuit Hero and his Siberian Cousins*, Montréal et Kingston, McGill-Queen's University Press, 2009.
Paul-Émile Victor, *Œuvres autobiographiques, Tome 1, 2 et 3*, Paris, Transboréal, 2005.
Frances Widdowson, Albert Howard, *Disrobing the Aboriginal Industry, the Deception Behind Indigenous Cultural Preservation*, Montréal et Kingston, McGill-Queens University Press, 2008.
Geoffrey York, *The Dispossessed, Life and Death in Native Canada*, London, Vintage U.K., 1990.

Les Nenets :

Franck Desplanques, *Nénètses de Sibérie, les Hommes debout*, Paris, Le Chêne, 2005.

I.N.Gemouev, V.I. Molodin, Z.P. Sokolova, *Narody Zapadnoy Sibiri*, *Les Peuples de Sibérie orientale*, Moscou, Éditions Naouka, Institut d'ethnologie et d'anthropologie, Mikloukho-Maklaya, Institut d'archéologie et d'ethnographie, division sibérienne, 2005.

Andrei V. Golovnev et Gail Osherenko, *Siberian Survival, the Nenets and their story*, Ithaca et Londres, Cornell University Press, 1999.

L. Khomich, *Nyentsy, Les Nenets*, Saint-Pétersbourg, Éditions Drofa, 2003.

Anastasia Lapsui, *Chto ostalos za kadrom* (Ce qui est resté derrière la caméra), Salekhard, Krasniy Séver, 2007.

Dominique Samson-Normand de Chambourg, *Le Grand Nord sibérien dans Ilir d'Anna Nerkagui, une page de vie autochtone 1917-1997*, Paris, L'Harmattan, 1998.

Florian Stammler, *Reindeer Nomads Meet the Market, Culture, Property and Globalisation at the "End of the Land"*, Münster, Lit Verlag, 2005.

La Russie, la Sibérie :

Érémeï Aïpine, *L'Étoile de l'aube*, Paris, Éditions du Rocher, 2005.

Anne Brunswic, *Les Eaux glacées du Belomorkanal*, Paris, Actes Sud, 2009.

Claudine Doury, Jean-Pierre Thibaudat, *Peuples de Sibérie, du fleuve Amour aux terres boréales*, Paris, Seuil, 1999.

Chrystia Freeland, *Sale of the Century, Russia's Wild*

Ride from Communism to Capitalism, New York, Random House, 2000.
Vassili Golovanov, *Éloge des voyages insensés*, Lagrasse, Verdier, 2008.
Valentina Gorbatcheva, Marina Federova, *L'Art de la Sibérie*, New York, Parkstone International Press, 2008.
Marc de Gouvenain, *Un printemps en Sibérie*, Paris, Actes Sud, 1991.
Fiona Hill, Clifford G. Gaddy, *The Siberian Curse, How Communist Planners left Russia out in the Cold*, Washington, D.C., Brookings Institution Press, 2003.
Zinaïda Hippius, *Journal sous la Terreur*, Paris, Éditions du Rocher, 2006.
Yasushi Inoué, *Rêves de Russie*, Paris, Phébus, 2004.
Nicolas Leskov, *Au Bout du Monde et deux autres récits*, Lausanne, L'Âge d'homme, 1986.
Lioudmila Lipatova, *Dorogamy kochevyi, Sur les routes des nomades*, tomes 1 et 2, Salekhard, Éditions Krasny Séver, 2005.
Jean Malaurie, *Hummocks 2, Tchoukokta, Sibérie, Aux Origines mythiques des Inuit*, Paris, Plon, 1999.
Marjorie Mandelstam Balzer, *The Tenacity of Ethnicity, A Siberian Saga in Global Perspective*, Princeton, Princeton University Press, 1999.
Owen Matthews, *Stalin's children, three Generations of Love and War*, London, Bloomsbury, 2008. En français : *Les Enfants de Staline*, Paris, Belfond, 2009.
Tatiana Moldanova, *Les Caresses de la civilisation*, Paris, Paulsen, 2007.
Marc-Henri Picard, *Où traîne encore le cri des loups*, Paris, Éditions de l'œuvre, 2009.
Lucia Popova, *Mythes et légendes sibériens*, Paris, L'Harmattan, 1992.

Anna Reid, *The Shaman's Coat, a Native History of Siberia*, London, Phoenix, 2002.

Youri Rytkhèou, *L'Étrangère aux yeux bleus*, Paris, Actes Sud, 2001.

Aleksandr Solzhenitsyn, *The Russian Question at the End of the Twentieth Century*, Toronto, HarperCollins Canada, 1995.

Piers Vitebsky, *Reindeer People, Living with Animals and Spirits in Siberia*, London, HarperCollins Publishers, 2005.

Autres sources d'inspiration et d'idées :

Isaiah Berlin, *The Crooked Timber of Humanity*, Londres, HarperCollins Publishers, 1990.

Jan Borm, *Jean Malaurie, un homme singulier*, Paris, Le Chêne, 2005.

John Burroughs, *L'Art de voir les choses*, Gardonne, Fédérop, 2007.

Hans H. Gerth, C.Wright Mills, *From Max Weber, Essays in Sociology*, New York, Oxford University Press, 1958.

Jean-Paul Kauffmann, *Courlande*, Paris, Fayard, 2009.

Joseph Kessel, *Les Temps sauvages*, Paris, Gallimard, 1975.

Serge Latouche, *Le Pari de la décroissance*, Paris, Fayard, 2006.

James Lovelock, *La Revanche de Gaïa, Pourquoi la Terre riposte-t-elle ?* Paris, Flammarion, 2007.

Arto Paasilinna, *Le Lièvre de Vatanen*, Paris, Denoël, 1989.

Charles Taylor, *Sources of the Self, the Making of Modern Identity*, Cambridge, Harvard University Press, 1989.

–, *Le Malaise de la modernité*, Paris, Éditions du Cerf, 2005.

Remerciements

Ceux qui aiment vraiment la Russie, ce pays à la fois maudit et sacré, anarchique et rigide, savent qu'il faut abandonner tout espoir de le comprendre à travers le prisme occidental. Sylvain Tesson le sait bien, lui. Sans sa patience, sa sensibilité et ses conseils littéraires (il est accessoirement, selon moi, l'un des écrivains de voyage les plus talentueux de sa génération), ce livre ne serait pas devenu ce qu'il est. Sylvain est le seul Français que je connaisse avec une âme russe. Il en a la complexité, la profondeur et la spontanéité. Pour tout ce qu'il est, pour tout ce qu'il a accompli et tout ce qu'il fera, je lui dis : merci.

Une fois que ce livre s'habillera de poussière, certains me prendront peut-être pour une spécialiste des Nenets. Non. Le grand expert en France s'appelle Franck Desplanques. Il a voyagé dans le Yamal pendant plus de quinze ans, écumé toutes les toundras et survécu à toutes les saisons. Franck connaît mieux que quiconque les nomades mais ne le dira jamais. Son humanisme, son recul et sa force m'ont apporté des dimensions insoupçonnées. La découverte des

Nenets a changé sa vie et la mienne. Je ne serais jamais venue à bout de ce projet sans sa confiance et sa complicité.

Je dois aussi beaucoup aux nomades qui m'ont accueillie généreusement. Ces familles m'ont appris la magie du silence, la rigueur de la vie des plaines et la modestie face aux éléments. Je leur souhaite de prospérer tout en préservant ce fragile équilibre entre la vie de la toundra et le tourbillon de la modernité.

Vive la solidarité féminine ! Lioudmila Lipatova, journaliste à Salekhard, m'a ouvert sa porte alors qu'elle ne me connaissait même pas. Sans hésiter, elle m'a protégée de Vladimir, mon compagnon de route alcoolique qui m'avait frappée. Nos conversations autour de rituels thés au citron m'ont consolée et stimulée. Grâce à Lioudmila, j'ai rencontré Anastasia Lapsui, une femme comme on n'en fait plus. Née dans une famille d'éleveurs de rennes nenets, auteur du long-métrage *Les Sept Chants de la toundra*, Anastasia a été un guide artistique exceptionnel.

J'ai eu la chance d'avoir des alliés au sein de l'administration russe qui auraient pu saborder mon voyage mais qui l'ont béni : Svetlana Bordyan et toute son équipe au sein du département des relations internationales du district autonome Yamal-Nenets ainsi que le vice-gouverneur Alexandre Majarov. Je ne serais aussi pas allée bien loin sans Youri Mazanov, le député-maire de Vorkouta, aujourd'hui homme d'affaires à Syktyvkar en République des Komis.

Ce livre a bénéficié d'une grande mansuétude de la part de mes supérieurs à l'agence Reuters. Gary

Regenstreif, Geert de Clercq, Tim Hepher et Marcel Michelson ne m'ont jamais reproché mes absences. Il me faut ajouter que mon employeur n'a pas été impliqué dans le contenu du livre qui est ma seule responsabilité.

Je dois aussi beaucoup au professionnalisme de mon éditrice Dorothée Cunéo chez Robert Laffont et à Nicole Lattès qui m'a chaleureusement accueillie dans la maison.

Merci à tous ceux qui m'ont donné un toit et une oasis de paix : à Moscou, le huguenot Graf (comte) Jacques von Polier, sauveur de l'industrie de la montre de luxe en Russie et Tom Parfitt, l'intrépide correspondant du journal britannique *The Guardian*. À Saint-Pétersbourg, le photographe Andreï Terebenin, ami de mes vingt ans, et ses parents Vladimir et Natacha, ont toujours gardé pour moi les bras ouverts, en toutes circonstances.

Spaciba aux membres de mon comité de lecture : le cinéaste Charles Jodoin-Keaton qui a eu l'œil pour les erreurs de logique et de ton, le photographe Bernard Hermann qui a repéré d'autres types d'inepties, l'écrivain Éric Faye qui a subi mes séances de gueuloir flaubertien et mes deux amies Judith Haussling, réalisatrice de talent, et Tatiana Pigariova, elle-même conteuse née.

J'aurais eu l'âme en peine sans mon comité de soutien moral : la femme fatale Pia Copper et sa maman Cynthia, l'invincible Gallois James Regan, l'entrepreneur Fabien Beckers, Maud et François-Xavier Tramond, les aventuriers du sud-ouest de la France, mes compagnonnes solidaires Tifenn Aubert et Priscilla Telmon et mes sœurs d'outre-Atlantique Emilie Wendlandt-Desjardins, Elizabeth et Constance Schéré.

Enfin, je remercie ma grand-mère Élisabeth pour son inébranlable foi en moi et mon père Christian, pour avoir tenté gentiment pendant toutes ces années et heureusement sans succès, de m'empêcher de voyager en Russie.

Table

2007

Cet ouvrage a été composé et mis en pages
par ÉTIANNE COMPOSITION
à Montrouge.

Cet ouvrage a été imprimé
en janvier 2010 par

FIRMIN-DIDOT

27650 Mesnil-sur-l'Estrée
N° d'édition : 50249/01
N° d'impression : 98406
Dépôt légal : janvier 2010

Imprimé en France